역발상의 기술

ART OF CONTRARY THINKING
Copyright © 1954, 1956, 1960, and 1963 by The Caxton Printers Ltd.
Korean translation copyright © 2009 by IREMEDIA

All rights reserved.
This edition published by arrangement with Caxton Press through Shinwon Agency Co.

험프리 닐

역발상의
The Art of Contrary Thinking
기술

도처에 있는 역발상가들과 자유주의자들에게 이 책을 바친다.
그들의 수가 늘어나기를!

●이레미디어

| 머 | 리 | 말 |

　역발상의 기술은 틀에 박힌 생각에서 벗어나는 것이다. 한마디로 남들과 똑같이 생각하지 않는 것이다. 남들과 똑같이 생각하는 것은 자연스런 태도다. 따라서 자연스럽고 명백한 방향과 반대로 생각하기 위해서는 어느 정도 훈련이 필요하다. 명백한 생각 - 또는 남들의 생각을 그대로 따르는 생각 - 은 보통 잘못된 판단과 결론으로 우리를 이끈다. 이런 생각을 명쾌하게 요약한 경구가 있다.

　모든 사람이 똑같이 생각하면 틀리기 마련이다.

　역발상의 기술과 관련하여 또 다른 경구도 있다. "틀린 생각에서 벗어나려면, 반대로 생각하는 법을 배워라."
　이 책은 2부로 구성되어 있는데 1부에는 역발상의 법칙과 그 필요성에 대해 2부에는 역발상적 사고에 대해 설명하고 있다. 이렇게 구성한 이유는 역발상의 기술을 보다 쉽고 재미있게 배우기 위해서이다.
　나는 대중 운동과 군중 심리를 오랫동안 연구하고 나서 누구든 집단에 반대되는 생각을 하도록 훈련을 받으면 틀릴 때보다는 옳을 때가 훨씬 많다는 사실을 확신하게 되었다. 요컨대 대개 "군중은 틀린다"고 하는 것이 옳다는 말이다. 적어도 사건이 벌어지고 있는 순간에는 그렇다.

군중이 틀린다는 말을 오해하지 않기 바란다. 나는 나날의 삶에 관한 사람들의 철학이 틀렸다고 말하는 것이 아니다. 내가 말하려는 것은 이런 것이다. 사람들의 무리가 한 가지 생각에 굴복할 경우, 그들은 감정에 휘둘려 일탈하고 만다. 사람들은 잠시 멈춰 서서 곰곰이 생각할 때는 매우 분별 있는 결정을 내리지만, 감정에 사로잡힐 때면 상황이 달라진다. 그럴 때면 "군중은 옳지 않은 방향으로 나아간다." 여러분도 사람들이 '군중'으로 행동하는 경우와 개인으로 행동하는 경우에 중요한 차이가 있다는 것을 알고 있을 것이다. 역사책은 군중 행동의 독특한 특징을 반영하는 수많은 열광과 열풍에 대해 얘기하고 있다. 그중 몇 가지 사례는 앞으로 얘기할 것이다.

이 책에 나오는 대부분의 사실과 논의는 경제 또는 금융과 관련이 있다. 하지만 역발상의 기술은 거의 모든 분야에 적용할 수 있다는 사실을 알아두기 바란다. 철학적 논의나 정치 문제에도 적용될 수 있다. 정치를 예로 들어보자. 공직에 출마하는 사람들은 당연히 대중의 표를 얻으려 한다. 따라서 군중 심리를 능숙하게 다루는 정치인은 사람들의 감정과 욕망을 불러일으키는 갖가지 수단을 이용할 것이다.

우리가 최종적으로 도달한 결론은 개인은 머리로 생각하는 반면 '군중'은 가슴으로 생각한다는 것이다(즉, 감정에 영향을 받는다는 것이다). 이것은 개인을 비난할 일이 아니다. 왜냐하면 우리 가운데 누구라도 군중에 들어가면 균형 감각을 상실해버리고 말기 때문이다. 우리는 개인으로 남아 있지 않고 집단의 일원이 되어버린다. 여러분도 이렇게 저렇게 해서 "정신을 잃어버렸다"거나 "지나치게 감정에 치우쳤다" 하는 말들을 들어보았을 것이다.

하지만 경제와 정치에 대한 연구에서는 인간 본성에 대한 분석이 매우 부족하다. 미래의 패턴을 분석할 때 사람들이 어떻게 생각하고 행동하는지 너무나 자주 간과하고 있다. 하지만 인간의 행위는 통계적 행위만큼 중요하다. 같은 말이지만, 경제적 추세와 사회정치적 경향을 예측할 때 인간의 특징은 수학적 자료만큼 중요하다.

지난 30년 동안 우리는 완벽한 사회적 혁명이라고 할 만한 것을 경험했다.[1] 사람들은 이제 1929년 이전의 시대 즉, 대공황 그리고 뉴딜 정책 이전과는 다른 생각을 하고 있다. 뉴딜 정책의 도래 – 사회적 혁명의 도래 – 이후에 삶에 대한 판단과 전망이 형성된 수백만 명의 젊은이들을 생각해보면, 그전과 비교하여 요즘 문제를 보는 시각이 얼마나 달라졌는지 금세 깨닫게 될 것이다.

나는 역사를 읽고 연구하는 것을 좋아하는데, 어쨌든 역사책을 읽을 때는 역사에 관한 현대적 개념에 대해 생각해보아야 한다. 여러분도 알 테지만, "역사는 반복된다"는 개념을 말하는 것이다. 이 말은 옳은 말이다. 하지만 역사가 자주 반복되기는 하지만 정확히 똑같은 식으로는 반복되지 않는다는 사실도 알아두어야 한다.

과거의 사회적 열풍과 사건을 연구하면 군중 심리에 대해 많은 것을 알 수 있다. 하지만 각각의 경우에서 어떤 한순간 사람들을 사로잡은 특정한 열풍이나 유행의 동력이 무엇이었는지 분석하는 것이 중요하다. 예컨대 누구라도 1920년대 중반 플로

---

1) 가렛 가렛의 『인민의 죽(The People's Pottage)』과 캑스턴 프린터스에서 출간된 다른 자유주의 관련 서적들을 보라.

리다에서 일어났던 땅 투기 열풍이 플로리다에서 똑같은 식으로 다시 일어나리라고 예상하진 않을 것이다.

보다 최근의 사례를 들자면, 해리 S. 트루먼 전 대통령이 1948년 뛰어난 선거 운동을 펼쳐 재선에 성공했다. 당시 그가 써먹었던 전술과 전략 - 그 모두가 군중 심리의 원칙에 전적으로 부합하는 것이었다 - 은 큰 효과가 있었지만, 똑같은 식으로 다시 해서는 먹혀들지 않을 게 분명했다. 실제로 1952년 그가 민주당 후보를 지원하기 위해 나섰을 때 썼던 비슷한 전략은 성공을 거두지 못했다. 많은 관찰자들은 트루먼이 1948년의 전술을 반복하지 않았다면 스티븐슨 민주당 대통령 후보에게 더 나은 결과가 찾아왔을 것이라고 생각했다. 어쨌든 이 사례는 군중에 대한 호소가 어떤 때는 잘 먹히지만, 어떤 때는 전혀 다른 결과를 낳을 수 있다는 것을 보여준다. 머리말을 끝맺기 전에 다시 한 번 다음과 같은 말을 하고 싶다.

역발상의 기술은 일반 여론과 반대 방향으로 생각하는 훈련을 필요로 한다. 인간 행동으로 인한 현재의 사건과 현상을 고려하여 자신이 내린 결론을 평가해보아야 한다.

몇몇 독자들에게는 역발상의 기술이나 역발상의 법칙이 냉소적인 것으로 비칠지 모르겠다. 하지만 그렇지 않다. 나는 역발상이 모든 문제의 양쪽 측면을 보는 습관의 문제라고 믿는다. 이렇게 두 가지 측면에서 사고하고 판단하면 정확한 결론을 내릴 확률이 높아진다.

마지막으로 여기서 선전이라는 요소의 중요성을 강조해두고자 한다. 우리는 오늘날 정신적으로 온갖 형태의 선전에 압도당해 있다. 선전은 수백만 개의 단어로 쏟아져 나오고 있다. 정신에 영향을 미치는 것이 선전의 목적이라는 것은 틀림없다. 따라서 선전에 정신을 빼앗기지 않기 위해서는 대중적인 경제 문제에서 양쪽 측면을 들여다보는 게 특히 중요하다.

버몬트의 색스턴스 강에서, 험프리 B. 닐

들어가기 전에

역발상의 기술은 역발상의 법칙에서 비롯되었다. 아래 글은 '역발상의 법칙이란 무엇인가?'라는 질문에 대한 가장 짤막한 대답으로, 역발상에 대해 재빨리 살펴보고 금세 친숙해질 수 있도록 본문을 읽기 전에 읽어두는 것이 좋다.

1. 역발상은 정치, 경제, 사회와 관련된 광범위한 대중의 문제에 대해 숙고하는 방법이다. 역발상의 목적은 정치, 경제, 사회의 추세와 관련하여 일반적으로 받아들여지는 견해에 역발상적 사고를 제기하는 것이다. 한마디로 대중의 견해에 반대하는 것이다. 대중의 견해는 (선전의 농간에 의해) 시기적으로 옳지 않거나 오도되거나 명백히 틀릴 때가 너무 빈번하기 때문이다.
    a. 역발상은 다음과 같은 간단한 문장들로 표현된다. 모든 사람이 똑같이 생각하면, 모든 사람이 틀리기 마련이다. 작가들이 똑같이 쓰면, 독자들은 똑같은 생각을 하게 된다. 예측이 너무 많으면, 예측이 엉망이 되는 법이다. 다른 말로 하자면, 예측은 스스로의 무게 때문에 주저앉고 만다. (결국 반대되는 생각들을 수용하여 기대를 상쇄시키거나 무화시

킨다.)

  b. 주의할 점은 역발상이 사고의 한 가지 방법이긴 하지만, 과대평가해서는 안 된다는 것이다. 역발상은 예측 체계라기보다는 일반적인 예측 방식에 대한 교정 수단이라고 할 수 있다. 한마디로, 역발상은 사고 도구이며 점쟁이의 수정 구슬이 아니라는 얘기다. 역발상은 주어진 하나의 주제에 대해 철저히 생각하게 만든다. 한 주제에 대해 철저히 생각하지 못하는 사람은 생각과는 인연이 없는 사람이라 하겠다.

2. 역발상의 법칙을 가능케 하는 인간의 특징들은 다음과 같다. 습관, 감정, 초조, 관습, 탐욕, 자존심, 모방, 희망, 소망적 사고, 전염, 쉽사리 믿는 성향, 충동, 공포, 감수성, 자만 등이다.

3. 역발상의 법칙은 사회학과 심리학의 '법칙'에 근거하고 있다. 그중 다음과 같은 법칙을 보자.

  a. '군중'은 개인으로 있을 때는 억누를 수 있는 본능에 지배당한다.

b. 사람들은 무리를 이루고 싶어 한다. 그들은 본능적으로 '집단'의 충동을 따른다.
c. 소수에 대한 전염과 모방 성향(예를 들어, "지도자를 따르라") 때문에 사람들은 암시, 명령, 관습, 감정적 동기에 영향을 받는다.
d. 군중은 이성적으로 생각하지 않고 감정을 따른다. 군중은 아무런 증거도 없이 '암시'나 '주장'을 받아들인다.

이제는 역발상의 활용 사례에 대해 간략하게 알아보자.

1. 우선 사회·정치 사상부터 얘기해보자. 사회·정치 사상 쪽이 주식 시장의 대중 반응보다는 더 광범위한 사례를 보여주기 때문이다.
   a. 여러분도 사회주의가 공산주의와 유사하다는 것은 인정할 것이다.
   b. 하지만 사회주의 사상에 경도되어 있는 수백만의 사람들(거대한 '군중')은 스스로를 반공주의자라고 생각한다. 따라서

그들은 스스로를 기만하는 것이다. 오늘날 그보다 더 큰(또는 더 위험한) 기만은 없을 것이다. 공산주의를 뿌리 뽑기 위해서는 사회주의를 박멸하는 것이 필수적이다. 이것은 분명 엄청나게 힘든 일이다. 아마도 우리 생애에서는 이루어지지 못할 것이다.

위의 사례는 배후에서 문제에 접근하는 방법을 보여준다. 반대 방향의 접근법이다. 사람들의 정신을 사로잡는 대중적 문제에서 역발상가들은 견해의 표면이 아니라 이면(위의 경우는 사람들이 두 주의의 유사성을 인식하지 못한다는 사실)을 들여다보아야 한다.

2. 오늘날 널리 퍼져 있는 선전에 대해 역발상적 질문을 해보라.
   a. 우리가 찾아야 할 것은 단순히 연설이나 선언, 신문기사 속에 있는 논리가 아니다. 왜 메시지가 유포되고 있는가 하는 것이다. 단순히 어떤 메시지인가 하는 것이 아니다. 솔직히 말하자면, 역발상가는 이런 선전 분석에서는 냉소적인 사람

이 될 필요가 있다. 여론 형성자들이 대중 여론을 마음대로 좌지우지하려는 한, '믿기 전에 모든 것을 의심하는 것' – 그리고 말 뒤에 감추어진 의미를 찾는 것 – 이 우리의 유일한 방어 수단이 될 것이다.

3. 열풍, 유행, 대중적 감정 – 그리고 대중적 신념 – 의 물결은 예상치 못한 순간에 전국을 휩쓸었다가 또 그만큼 쉽게 꺼져버리곤 한다. 역사는 튤립 열풍, 남해거품 사건, 플로리다 땅 투기, 폰지 사기 사건 같은 이야기들로 넘쳐난다.
   a. 보다 구체적으로 다음 사례들을 살펴보자. 다음을 보면, 독자들도 이에 대한 반대 견해야말로 올바른 견해였음을 알게 될 것이다. (1929년에) 우리가 새로운 시대에, 즉 영원한 번영의 새로운 고원기에 도달했다는 견해, (1930년대에) 우리가 경제적 원숙기에 들어섰다는 견해, (1920년대에) 라디오가 레코드플레이어와 레코드를 영원히 퇴출시킬 것이라는 견해, 그리고 (요즘) 텔레비전이 영화를 사라지게 만들 것이라는 견해. 여기서 마지막 견해에 대한 역발상적 사고는 사

람들은 무리를 이루고 싶어 한다는 생각이다. 사람들은 외출해서 군중과 섞이고 싶어 한다. 대중 오락은 역사만큼이나 오랫동안 이어져 왔으며, 이와 관련하여 인간 본성이 변하지 않았다고 하는 게 올바른 주장일 것이다. 혼자만의 오락은 결코 대중을 만족시켜주지 못한다. 텔레비전은 궁극적으로 시청자를 넓혀가겠지만, 오락에 대한 더 큰 욕구를 유발할 것이다. 한 가지 사례가 더 있다. 1945년에는 전후 경기 침체가 일어나 800만 명이 실직할 것이라는 예측이 널리 받아들여지고 있었다. 하지만 전후에는 호경기가 이어졌다.

주제를 따라가다 보면, 여러분은 역발상의 기술을 배우는 과정이 흥미진진한 탐구 과정임을 알게 될 것이다. 이 책에는 나의 사상에다 여러분의 사상을 더할 만한 여지가 충분할 것이다.

CONTENTS

머리말 … 4
들어가기 전에 … 10

1부 | 역발상은 돈을 벌어다준다

서론 … 22
역발상이 필요한 이유 … 24
먼저 대중의 견해를 파악하라 … 30
대중의 빗나간 예측들 … 35
주가가 대중의 견해보다 정확할 때 … 39
대중 열풍과 군중심리 … 44
인플레이션 열풍들 … 53
통화량 조절 방법을 눈여겨보라 … 57
역발상은 현실보다 한발 앞선다 … 60
역발상은 실수를 피하게 해준다 … 63

2부 | 역발상의 법칙과 역발상의 기술

대중의 감정적 물결 … 68
투자자의 딜레마 … 71
습관 … 74
인플레이션의 심리학 … 77
대중의 견해가 존재하지 않을 때 … 80
소수에 대한 모방 … 83

꼭 알아두어야 할 사실 … 86

집단의 의견을 거스르려면 … 89

역발상을 과대평가해서는 안 된다! … 92

우연적인 사고(思考) … 95

짐수레를 말 앞에 두라 … 98

보편적 불평등의 법칙 … 101

선전 … 104

현실주의: 새해의 역발상적 도전 … 107

경제학자는 어떻게 자신의 예측을 빗나가게 만드는가? … 110

"뭐가 잘못된 거죠?" 대신 "뭐가 좋아진 거죠?"라고 물어라 … 113

대중 심리와 선거 운동 … 116

사회주의 심리 … 119

경제 심리학 … 122

과거를 회상하며 … 125

금본위제로의 역사적 귀환 … 128

역사 속의 역발상적 사건 … 131

여론의 물결 … 134

더 알아야 할 것 … 136

예측할 수 없는 것들을 예측하다 … 139

'군중 동요'는 아이젠하워에게 유리하다 … 142

돈을 버는 머리 … 146

예측은 왜 틀리는가? … 149

CONTENTS

혁명은 장기적 시각을 요구한다 ··· 151
역발상의 법칙은 모방과 전염의 법칙에 의존한다 ··· 154
대중 순응의 결과 ··· 157
역발상의 법칙으로 잘못된 생각을 바로잡아야 한다 ··· 160
동시에 두 가지 측면을 보아야 한다 ··· 162
경기 예측이라는 까다로운 일 ··· 165
이 모든 것이 다 무슨 소용이란 말인가? ··· 167
어쩌면 약간 오래된 이론이 여전히 유효할지 모른다 ··· 169
경제에 관한 글에 나타나는 '중립주의' ··· 171
비순응적인 사고 ··· 175
사회·정치적 추세에 관해 좀 더 자세히 알아보면 ··· 178
현실적으로뿐만 아니라 인간적으로 생각하기 ··· 181
수박 겉핥기식 생각 ··· 184
"무엇이 미국 소비자들을 움직이게 만드는지 여전히 모른다" ··· 186
신중한 견해, 경솔한 견해, 감정적인 견해 ··· 189
대중의 견해는 어떻게 형성되는가? ··· 192
읽고 논파하는 것이 역발상적 사고 방법이다 ··· 195
역발상의 법칙과 삼단논법 ··· 198
"사회적 압력은 종종 순응을 낳는다" ··· 201
모멘텀 ··· 203
창조적 사고에 대한 역발상적 접근 ··· 206
동기와 행동 ··· 209

'심층 조작자'로부터 자신을 보호하라 … 211
대중 최면 … 214
"대중은 시장에서 늘 틀리는가?"라는 질문에 대해 … 217
여론을 파악하고 측정하는 문제 … 219
군중의 정신적 단결에 관한 법칙 … 221
역발상의 법칙은 예측 시스템이 아니다 … 224
"왜 여러분은 생각한다고 생각하는가?" … 227
역발상적으로 사고하라. 우리의 운명이 하늘에 있다는 것을 부정하지 말자 … 229
자본주의의 기본적인 요소, 수익력 … 232
오늘날 자유주의자는 역발상가가 되어야 한다! … 235
경제학에 있어 외삽법의 오류 … 238
미래를 내다보는 법 … 241
역발상에 실질적인 목적은 없는 것일까? … 243
정신을 유연하게 하는 법 … 245
돈을 버는 머리와 돈을 쉽게 벌리는 섣부른 충동 … 246
공산주의자들은 역발상의 법칙을 실천하고 있다 … 249
옳은 말이나 생각은 그림 천 장을 대신한다 … 252
스스로 생각하게 하는 장치 … 255
견해와 말 vs. 사실 … 258
예측 전문가들이 잊어버리고 싶어 하는 해들 … 261
빠른 순응, 느린 변화 … 264
'예상치 못한' 사건들의 41년 … 266

1부

역발상은 **돈**을 벌어다준다

"일반적으로 다른 사람이 하는 대로 따라하는 것은 바보 같은 짓이다. 그러면 너무 많은 사람들이 똑같은 일을 할 게 거의 분명하기 때문이다."

— 윌리엄 스탠리 제번스(1835~1882년)

Intro

서론

The Art of Contrary Thinking

『라이프(Life)』[2]에 언급된 덕분에, '역발상의 법칙'에 대한 진지한 관심이 커졌다. 경제적·사회적 추세를 평가하는 데 있어 역발상의 유용성에 대해 상당한 호기심이 생겨난 것이다. 따라서 1부의 목적은 다음 두 가지다.

1. '역발상의 법칙은 무엇인가?' 하는 취지의 수많은 질문에 폭넓게 답하는 것.
2. 역발상의 유용성을 설명하고 '역발상이 돈을 벌어다준다'는 것을 보여주는 것.

우선, 독자들이 '나'라는 일인칭 대명사를 지나치게 많이 사용하더라도 용서해주기 바란다. 왜냐하면 이 책의 내용은 많은 부분이 내 개인의 역사이기 때문이다.

---

[2] 1949년 3월 21일 『라이프』에 내가 "역발상의 법칙을 만들어냈다"는 언급이 나왔다. 그 뒤에 1947년에 역발상에 관한 말이 인용되었다. 윌리엄 밀러의 「시장의 이상한 상태(The Strange State of the Market)」를 참조하라.

역발상의 법칙은 책이나 역사에서 읽을 수 있는 것이 아닙니다. 이를 주제로 한 문헌은 하나도 없다. 내가 아는 한, 주식 시장의 방법론에 관한 어떤 책[3]에서 발견할 수 있는 '시장에 관한 역발상'이라는 뛰어난 한 장(章)을 빼면, 역발상의 활용에 대해 직접적으로 다룬 글 역시 아무것도 없다. 그 책의 저자는 친절하게도 내 글 때문에 역발상에 관해 논했다고 얘기하고 있다.

이 책은 경제적 추세 분석의 역발상적 방법에 대한 보고서다. 나는 신문 칼럼(「루미네이터(The Ruminator)」)에서 그리고 현재 간행되고 있는 『역발상에 관한 닐의 서한(Neill Letters of Contrary Opinion)』에서 역발상에 관해 수많은 얘기를 했지만, 이 책에 내 사상과 글을 집약시켜 놓고자 했다.

이제 서론을 마치고 역발상에 관해 자세히 알아보기로 하자.

---

3) 가필드 A. 드루의 『주식 시장에서 수익을 얻기 위한 새로운 방법(New Methods for Profit in the Stock Market)』이라는 책이다. 기술적 분석에 관한 훌륭한 책이다.

1장

역발상이 필요한 이유

The Art of Contrary Thinking

위대한 시인이자 철학자인 괴테는 이렇게 썼다. "나는 점점 더 소수의 편에 서는 게 낫다는 사실을 깨닫게 된다. 그쪽이 언제나 더 현명하기 때문이다." 솔직히 말하자면, 내가 역발상의 법칙을 찾는 여정에 나선 것은 '주식 시장에서 돈을 벌기 위한' 방법을 찾는 사람이라면 누구나 다다르게 되는 실망과 환멸 때문이었다.

내가 월스트리트에 드나든 것은 파국을 앞둔 1920년대로 거슬러 올라간다. 나는 얼마 안 있어 주가 예측과 관련하여 당시 유행하던 수많은 기술적 시스템에 대해 듣게 되었다. 주식 투자에서 손해를 보았지만, 잘못은 시스템이 아니라 거래자나 투자자 자신에게 있다는 사실을 금세 깨닫게 되었다.

차트 해석을 예로 들어보자. 사람들은 차트를 거의 자신이 바라는 대로 해석할 수 있다. 원하는 결과에 따라 '패턴'을 읽을 수 있는 것이다. 근본적으로 낙관주의자들은 차트를 낙관적으로 해석할 가능성이 크다. 반대로 비관주의자들은 차트를 보면서 시장을 하락세로 판단할 가능성이 크다. 주가가 (상승 추세든 하락 추세든) 한쪽 방향으로 진행되는 동안에는 추세를 판단하기가 쉽다. 하지만 시장이 주춤하면서 모든 사람들이 주가가 어떤 방향으로 진행될지 모를 때는, 차트 역시 '침묵하는' 법이다.

과거를 돌이켜보면, 많은 기술적 분석가들은 시장 추세를 전망할 때 거의 예외 없이 자신의 내면에 자리 잡은 개인적 견해에 따라 '기술적 움직임'을 분석하곤 했다. 다른 말로 하자면, 투기 성공의 적 – 소망적 사고 – 에 따라 결정을 내렸던 것이다.

나는 기술적 시장 분석 방법을 존중하지만, 이른바 '기술적 분석'에서 사람들이 희망, 탐욕, 자존심과 같은 인간적 실수를 극복하고 성공적인 투기라는 기술을 터득할 수 있을지에 대해서는 매우 큰 의문이다. 여기서 '기술적 분석'이란 거래량이나 주가의 변동을 토대로 하는 추세 예측 방법이다.

그리하여 힘든 일이었지만 나는 개개인의 견해가 자주 틀릴 뿐만 아니라 나 자신의 판단 또한 자주 틀리다는 사실을 깨달았다. 그 뒤 나는 '대중이 왜 그렇게 자주 틀리는가' 그리고 결국 내 판단이 왜 그렇게 자주 틀리는가 하는 수수께끼의 답을 찾기 위해 대중 심리를 연구하기 시작했다. 나는 투기 광풍에 관한 오래된 책들을 탐독하고, 군중 행동과 관계된 모든 책들을 읽었다.

또한 내가 하는 일 덕분에 '금융 분야에서의 인간 본성'이라는 주제로 글을 쓸 기회가 생겼는데, 이것은 대단히 유익한 것이었다. 어떤 주제에 관해 배우고자 한다면, 그 주제에 관해 연구하고 쓰는 것만큼 도움이 되는 일은 없을 것이다. 2~3년 동안 나는 『이프 애즈 앤드 웬(If, As and When)』[4]이라는 소규모 월간 잡지를 만들었다. 이 잡지에는 금융 분야에서 나타나는 인간의 약점들에 관한 짤막한 글들이 실렸는데, '시장 철학자'와 '시장의 견유주의자'가 이 잡지에서 시장과 경제 문제를 다룬 두 인물이다. 나의 대변자라고 할 수 있는 시장의 견유주의자가 쓴 글은 아마 여러분도 마음에 들 것이다. 그는 1930년 말 시장 상황이 어두울 때 다음과 같은 글을 썼다.

월스트리트에서 돈을 잃는 10가지 방법

나는 많은 시간 노력하고 깊이 생각한 끝에 주식 거래자들을 위한 믿을 만한 지침을 마련했다. 이에 대해 굳이 설명을 덧붙이

---

[4] 1931년 발간된 『테이프 리딩과 시장 전술(Tape Reading and Market Tactics)』이라는 책의 토대가 되었다. 이 책 역시 주식 시장에서 나타나는 인간의 행위에 대해 논하고 있다.

지는 않을 것이다. 아무리 반대로 하라고 충고를 해도 독자들은 내 말을 따를 게 틀림없기 때문이다.

1. 객장의 소문을 신뢰한다.
2. 귀로 듣는 모든 것, 특히 귀띔하는 정보는 모두 믿는다.
3. 모르면, 추측한다.
4. 대중을 따른다.
5. 참지 않는다.
6. 상위 8개 종목은 어떻게든 쥐고 버틴다.
7. 적은 차익이라도 거래한다.
8. 맞건 틀리건 자신의 의견을 고수한다.
9. 절대 시장에서 나오지 않는다.
10. 작은 수익을 받아들이고 큰 손실을 감수한다.

무분별한 거래나 투자 습관에 대한 일종의 해독제로서, 이쯤에서 러셀 세이지의 충고 한마디를 들어보는 게 좋을 것 같다. 그는 어떻게 해서 큰돈을 벌었냐는 질문을 받자 이렇게 대답했다. "1월에 밀짚모자를 샀던 덕분이지요."

이렇게 투기의 인간적인 측면에 대해 관심을 기울이다 보니, 군중 행동에 대한 연구가 단순히 주가 변동뿐만 아니라 그보다 훨씬 범위가 넓은 다른 경제적 힘을 해석하는 데도 커다란 도움이 된다는 것을 알게 되었다. 나의 개인적인 애기들로 여러분을 지루하게 만들고 싶지 않으므로, 아래와 같이 내 경험을 요약해보도록 하겠다.

첫째, 이미 언급했듯이 개개인의 견해(옆 사람뿐만 아니라 나 자신의 견해도)는 대단한 가치가 없다. 왜냐하면 자주 틀리기 때문이다.

둘째, 인간적 특징(공포, 희망, 탐욕, 자존심, 소망적 사고)은 인간의 가슴속에 너무 깊이 자리 잡고 있기 때문에 객관적인 판단을 하기가 힘들다. 내 생각에, 경제 추세에 관한 객관적 분석은 정말로 중요하다. 주관적 추론은 편견에 치우친 결론을 낳기 때문이다.

셋째, 자신의 생각에 완고하게 매달리는 사람은 맞건 틀리건 거기서 벗어나지 못한다. 그에게는 자신의 생각을 변호하고 판단 착오를 인정하지 않는 것 말고는 중요한 것이 아무것도 없다.

이것이 우리가 다루어야 할 인간의 기본적인 방정식이라면, 이제 우리는 그 답을 찾아야 할 것이다. 나는 초기의 연구와 저작에서 오래된 격언 하나를 널리 소개했다. 바로 "군중은 보통 틀린다"는 말이다. 역사는 이를 논증하는 사례들로 가득하다. 우리는 앞으로 그중 몇 가지 사례를 다룰 것이다. 따라서 내가 아래와 같은 썩 괜찮은 답을 찾을 수 있었던 것은 자연적 진화를 통해서라 하겠다.

개인들의 견해가 신뢰할 수 없는 것이라면, 군중의 견해에 반대로 가는 것은 어떨까? 즉 일반적인 견해에 반대하는 것이다. 군중의 견해는 너무 자주 틀리지 않던가?

이렇게 하여 역발상의 법칙은 내가 그 동안 수많은 시간과 말들을 투자한 좋아하는 주제가 되었다. 여러분에게 역발상의 기술을 알려주는 것도 그런 이유에서다.

역발상의 큰 가치는 비단 주식 시장의 흐름을 파악하는 데 머물지 않는다. 역발상은 경제적인 그리고 정치적인 추세를 분석하는 데도 유용하다. 시장 추세는 한 나라의 경제와 세계 경제에서 일어나는 근본적인 변화의 징후를 보여준다. 이런 면에서 시장 추세는 중요하지만, 주가의 사소한 변동은 큰 가치가 없고, 일반적으로 예측할 수 없는 것이다.

2장

먼저 대중의 견해를 **파악하라**

The Art of Contrary Thinking

물론 역발상적 사고가 틀릴 때도 많다. 사실 자주 틀릴 것이다. 내 경우를 보자면, '대중의 견해'를 제대로 판단하여 올바른 역발상적 사고를 이끌어내는 능력을 갖추는 데는 오랜 세월이 걸렸다. 역발상의 습관을 익히는 데는 시간이 걸린다.

게다가 역발상을 지침으로 삼더라도 여전히 자기 자신의 개인적 편견과 싸워야 한다. 예컨대 지금이 어떤 경제적 상황이라고 강하게 느끼게 되면, 감정을 억누르고 냉정하게 여론을 판단하기 어렵다. 그러면 선입견이나 편견 때문에 종종 여론을 오판하게 된다. 여론을 자기가 원하는 대로 결론 내리고, 이에 따라 무의식적으로 여러분은 '대중'의 일원이 되어 실제로는 대중과 똑같이 생각하게 될지도 모른다.

하지만 '역발상'을 몸으로 익혀 습관으로 만들면 이런 구습에 자주 빠지지 않을 것이다. 마침내 여러분은 완전히 객관적인 분석가가 되어 자연적인 인간의 모든 결함을 극복할 수 있을지도 모른다. 그때가 되면, 여러분은 다른 사람들이 잘못된 판단을 할 때 자신이 올바른 판단을 한다는 것을 깨닫고 스스로 놀랄 것이다! 이런 생각이 냉소적으로 보이는가? 하지만 이렇게 해서 결국 여러분은 돈을 벌 수 있을 것이다.

이것이 명석한 사고의 적인 인간적인 특징들을 억누르는 유일한 방법이다. 내가 20년간 탐구해서 얻은 지혜이다. 일반적인 견해(분명히 더 논리적으로 보일 것이다)에 반대하면서 동시에 '희망'과 '자존심'의 잘못된 목소리에 귀를 기울일 수는 없다.

이제 "여론(일반적인 견해)이 어떤지 어떻게 알 수 있는가?" 하고 물어볼지 모르겠다. 여러분은 수많은 뉴스와 소문을 찾아보아야 할 것이다. 요즘에는 라디오, 신문, 잡지가 폭포수처럼 수많은 경제 뉴스와 선전을 쏟아내기 때문에, 사람들이 무슨 생각을 하는지 그리고 전체적으로 어떤 그림이 형성되는지를 판단하는 것은 그리 어려운 일이 아니다. 또한 – 이것이 중요한데 – 어떤 집단이 우리가 무엇을 받아들이고 믿게 만들고 싶은지도 쉽게 알 수 있다.

대통령 경제자문위원회는 1946년 법으로 만들어졌다. 그후, 경제 뉴스와 논평, 그리고 견해들이 엄청나게 쏟아져 나왔다. 경제자문위원회의 견해는 공식적인 것이었기 때문에,

여론에 어마어마한 영향을 끼쳤다.[5]

'경제에 관한 공식 견해'는 특히 중요하므로, 대중에 대한 영향을 분석하고 가늠해보아야 한다. 그런데 여기서 말하는 '대중'에는 사업가들 역시 포함되어 있다. 대중을 단순히 길거리를 서성이는 사람들로 생각해서는 안 된다. 대중은 여러분과 나를 포함한 모든 사람들이다. 사업가들 혹은 주식 중매인들 – 혹은 다른 어떤 집단이든 – 의 견해는 여론에 영향을 미치기 때문에, 이를 분석하여 역발상적 사고를 도출하는 것이 매우 중요하다.

경제자문위원회 얘기를 하다 보니 경제자문위원회의 전직 의장 에드윈 G. 너스 박사가 1950년 1월에 했던 말이 기억난다. 나는 그때 그가 한 말을 잊어버리지 않는다. 자신의 이론이 저명한 인물에게 인정받았을 때는 누구나 나처럼 기뻐할 것이다. 너스 박사는 어떤 사업가 그룹 앞에서 1950년을 전망하면서, 경제 전문가들이 '놀랍게도 만장일치로' 고개를 끄덕이고 있다고 얘기했다. 그런 다음 그는 이렇게 적절히 지적했다. "모든 예측가들이 동의할 때, 그때가 바로 조심할 때입니다."

---

[5] 경제자문위원회는 아이젠하워 대통령 때는 트루먼 대통령 때만큼 자주 견해를 공표하지 않을지 모르지만, 그럼에도 불구하고 여론(특히 사업가들)에 영향력을 미칠 것이다. 잘 알려진 몇몇 기구도 똑같이 영향력이 있다. 경제발전위원회, 전국제조업협회, 미국은행가협회, 미국상공회의소 같은 기구들이다. 이와 비슷하게 거대 노조도 강력한 영향력을 자랑하고 있고, 경제에 대한 교육과 선전에서 힘을 키워가고 있다.

이 경제 전문가들의 견해가 실상 어떤 것인지, 1946년 9월의 시장 붕괴 후 증권거래위원회의 조사 결과를 보도록 하자. 증권거래위원회는 그 해 8월 26일부터 9월 3일까지 130명의 중매인 또는 딜러 그리고 36명의 투자 상담가가 보낸 인쇄물을 조사했다. 8월 26일부터 9월 3일까지는 다우존스 산업지수가 26포인트나 폭락하기 전의 한 주다.

전체 시장에 관한 장기 전망	소식지나 전신의 수
무조건적인 강세	260
강세, 단 일별 주가 변동은 불확실	97
조심	74
확실한 하락세 혹은 적어도 지분 일부 처분 권유	20
판단 유보	38
총계	489

요컨대, 이 중대 국면에서 전문가들의 조언이나 논평 중 4.1퍼센트만이 정확히 주가 하락을 예측했던 것이다. 여기서는 분명 하락 전망이 올바른 판단이었다.[6]

집단의 견해는 당연히 일반적이고 보편적인 견해에 영향을 미친다. 따라서 우리는 다양한 출판물이나 경제 섹션이 큰 부분을 차지하는 대도시의 신문에서 집단의 견해를 찾도

---

6) 통계수치와 설명은 이미 언급된 드루의 책의 「시장에 관한 역발상」에서 인용했다.

록 노력해야 한다. 신문 외에 다른 수많은 출판물도 대중의 견해가 어떤지 – 또 어떻게 될 것인지 – 보여주는 참고자료가 될 것이다.

여러분은 수많은 출판물에서 널리 받아들여지고 있는 경기나 경제 상황에 대한 판단이 어떤지 '감'을 잡을 수 있을 것이다. 사람들의 무리는 '지도자를 따르는' 경향이 있으므로, 최신 뉴스와 경제 기사를 폭넓게 읽으면 대중의 생각과 정서를 알 수 있다.

그리고 사람들과 대화를 나누기만 해도 대중의 판단에 대한 단서를 얻을 수 있을 것이다. 여러분도 기억하겠지만, 제2차 세계대전이 끝난 뒤 사람들은 경기 침체가 올 것이라는 말을 많이 했다. 하지만 해가 거듭될 때마다 경기 침체는 계속 '연기되었다.' 물론 경기 침체는 언젠가 다시 오겠지만, 사람들이 보편적으로 예상할 때는 절대 오지 않는다.

1955년 중반 '곧 불경기가 닥친다'는 생각이 수그러들고 '앞으로 심각한 경기 침체는 결코 없을 것'이라는 생각이 퍼지기 시작했다. 역발상가들이라면 당연히 이 '새로운' 새 시대의 사고에 대해서도 의심을 해보았을 것이다!

역발상가는 앞서야 할 때도 뒤서야 할 때도 있다. 일반 대중의 견해가 시기적으로 늘 빠른 것은 아니며 늦을 때도 있기 때문이다.

3장

대중의 빗나간 예측들

The Art of Contrary Thinking

이제 최근의 역사에서 예측이나 판단이 빗나간 몇 가지 사례를 살펴보자. 제2차 세계대전이 끝나기 바로 전, 정부의 경제 전문가들은 심각한 전후 경기 침체를 예상했다(1921년의 수준으로). 그들은 실업자가 800만 명에 달할 것이라고 계산했다. 이런 생각은 대중에게까지 영향을 미쳤다. '모든 사람들'이 제1차 세계대전 직후인 1920~1921년의 붕괴에 대해 기억하고 있었다(아니면 글을 통해 알고 있었다). 사람들은 이번에도 그와 똑같은 상황이 올 것이라고 섣불리 결론을 내렸다. 하지만 우리가 알다시피, 결과는 완전히 달랐다. 불황은 없었고, 예상과는 정반대의 상황이 벌어졌다.

하지만 전후 경기 침체에 관한 생각은 사람들의 머릿속에 깊이 뿌리를 내리고 있었다. 전쟁이 끝나고 나서 몇 년간 '경기 침체'에 관한 생각은 강박관념이 되었다. 그 여파로, 갑작스런 불황을 두려워한 기업들은 보수적인 경영을 했다. 동시에 대중은 어떤 물건이든 사재기를 하며 욕심을 부렸다. 그리하여 물가가 크게 올랐고, 사람들은 여기저기서 돈을 물 쓰듯 썼다. 그 결과, 널리 떠들어대던 경기 침체는 일어나지 않고 오히려 활황을 맞았다.

한국전쟁은 1950년 경기 침체에 관한 모든 예상을 뒤집어 놓았다. 전쟁 소식을 들은 사람들은 '물자 부족'을 걱정하여 극성스런 사재기에 나섰다. 1951년 초에 이르자 투기가 성행했고, 무분별한 추측이 난무했다. 가장 흔했던 '잘못된' 견해는 인플레이션이 장기간 계속되리라는 것이었다. 이때는 디플레이션적 요소를 고려하자면, 그 반대의 견해가 옳았다.

여기서 인플레이션 주장에 대해 역발상적 사고를 했다면, 1951년 2월 국채 가격에 관해 매우 정확한 예측을 할 수 있었다는 점을 지적해두는 것도 좋을 것이다(당시는 잘 알려졌듯이 재무부와 연방준비제도이사회 사이에서 연방준비제도의 독립성 회복에 대한 합의가 이루어진 때다).

경제 순환 주기가 끊임없이 바뀌는 동안 사람들은 역발상 이론이 이번에 과연 맞을까 하고 의심스러워한다. 하지만 과거를 돌아보면 역발상 이론은 잘 맞았다는 것을 알 수 있다. 미래 역시 시간이 지나가면 확인해볼 수 있을 것이다.

그래서 잠시 제1차 세계대전 때로 돌아가보도록 하자. 알렉산더 다나 노예스는 회고록에서 1918년 말의 전후 공포에 대해 다음과 같이 썼다. 노예스는 유명한 금융 전문 편집자였다.

전후 금융과 산업의 진행을 놓고, 우리는 완전한 혼란에 빠졌다. 전쟁 기간 동안에도 금융 시장은 평화가 도래하기를 희망해야 할지 아니면 무서워해야 할지 몰랐다. 경험 많은 사람들은 사적인 대화에서 전쟁 명령이 중단되면 무슨 일이 일어날지 커다란 우려를 표명하곤 했다. 유럽의 전시 구매 요구에 따라 정신없이 돌아가던 우리의 산업과 가격, 작업비용, 확대된 공장과 작업 인원은 다 어떻게 될 것인가?

처음에 일어난 일은 실제로 우려했던 대로였다. 가격은 금세 큰 폭으로 떨어졌고(주가의 하락 폭은 작았다), 두세 달 만에 제조업 생산이 40~50퍼센트 감소했다. 또 1917년과 1918년에 군대에 들어가 있던 수천 명의 노동자들이 돌아와 일자리를 다투게 된다면, 공장에서 노동자들이 해고당하고, 산업은 곧 어려운 시기를 맞을 것이라는 우울한 이야기들이 퍼져나갔다.

하지만 사회 전반에 이런 재앙에 관한 두려움이 만연하기 전에, 우리가 깨달을 사이도 없이 전체 그림이 완전히 뒤바뀌었다. 나라가 산업 팽창, 가격 상승, '노동력 부족', 전례 없는 고가의 임금이라는 격렬한 축제의 무대가 되었던 것이다.

이때부터 경제는 예기치 못했던 방향으로 나아가거나 예측이 완전히 빗나가는 일이 반복되었다. 그 뒤 10년 동안 우리의 금융과 산업의 역사는 그런 식으로 진행되었다.[7]

따라서 두 차례 전후 시기에는 유사점이 있었다. 30년 전 있었던, 완전히 예상치 못했던 호황과 인플레이션은 1920년 5월까지만 지속되었다. 하지만 호황이 지속되는 동안 경제 전문가들은 목소리를 높일 수 있었다. 그 결과, 1921년의 돌연한 경기 침체에 기업과 대중은 미처 준비가 되어 있지 않았다. 그것은 많은 기업들에게 재앙과 같은 일이었다. 그러나 이 시기는 7년간 이어질 번영의 발판이 되었다. 이런 사례를 보면 역발상이 경제 추세를 예측할 때 유용한 나침반 역할을 할 수 있다는 것을 알 수 있다.

---

[7] 『시장: 어느 금융 편집자의 회상(The Market Place-Reminiscences of a Financial Edition)』에서 인용한 글이다. 이 책은 금융과 역발상에 대해 배우려는 학생들에게 권장할 만한 책이다.

4장
주가가 대중의 견해보다 **정확할 때**

The Art of Contrary Thinking

대중의 생각과 주식 시장의 장기 추세가 어떻게 다른지 파악하려면, 주가의 움직임을 고찰해보는 게 좋을 것이다. 제2차 세계대전 때 미국과 영국의 주가 움직임을 살펴보도록 하자. 여러분은 주가가 '논리적으로' 두려워하거나 기대해야 할 사건들보다 몇 개월 앞서간다는 흥미로운 사실을 알게 될 것이다.

1937년을 미국과 영국의 주가를 조사하기 위한 시작점으로 삼자. 1937년 초 영국의 산업 주가지수는 1932년의 세계 경기 침체에서부터 시작된 오랜 상승 국면을 마쳤다. 이와 동시에 미국의 주가 역시 1937년의 고점에 접근하고 있었다.

미국에서나 영국에서나 주가는 1937년부터 하락세가 시작되었다. 미국의 경우, 주가 붕괴는 심각했다. 미국 시장은 1938년 3~4월에 바닥을 찾았지만, 영국의 주가 지수는 1940년 중반까지 하락세를 지속했다.

1939년 9월 1일, 히틀러가 폴란드로 진군했다. 하지만 놀랍게도 뉴욕 주식 시장은 단 한 시간 동안의 투매 사태 후 급등했다. 며칠 동안 다우존스 산업 평균지수는 25포인트 이상 상승했다. 월스트리트와 대중에게는 놀라운 일이 아닐 수 없었다. 왜냐하면 주가가 처음에는 완전히 붕괴했다가 나중에 상승하리라는 게 일반적인 견해였기 때문이다. 1914년에는 실제로 그랬다. (1914년 주식 시장은 패닉을 막기 위해 제때에 폐쇄되었고, 몇 달 뒤 거대한 전쟁 시장이 형성되었을 때 다시 열렸다.)

영국의 주가 역시 1939년 실제 전쟁이 시작되었을 때 상승했다. 하지만 뉴욕처럼 센세이션을 일으킬 만한 수준은 아니었다. 양국에서 일어난 '전쟁으로 인한 주가 상승'은 오래가지 않았다. 유럽에서 최초의 냉전(1940년 겨울의 '전투 없는 전쟁'을 이르는 말이다)이 시작되면서 주가는 '고원'이라고 부르는 구간을 형성했다. 히틀러는 겨울 동안 아무 움직임도 없다가, 1940년 5월 10일 유럽 전역을 손아귀에 넣고자 전격전을 개시했다. 그 동안에는 주가 역시 주춤하고 있었다.

나는 라디오 진행자가 두려움에 떠는 목소리로 나치가 네덜란드와 벨기에를 침공했다는 소식을 알리던 그날 아침을 잘 기억한다. 그날 아침 뉴욕으로 들어오던 통근자들의 열차에서는 주식 시장이 대화 주제가 되었다. 대다수의 의견은 주가가 9월처럼 다시 치솟는다는 것이었다. 전투 없는 전쟁이 끝나고 진짜 전쟁이 시작되었기 때문이다. 이때 내가 역발상적 사고를 제기하자 사람들이 나를 비난했다. 나는 경제나 주식 시장에 대해 얘기를 나눌 때면 반대 의견을 제시하곤 했다. 하지만 내 동료들은 '전쟁 시장으로 생길 이득'을 생각하고 반론에는 조금도 주의를 기울이지 않았다.

시장은 늘 그렇듯 모든 사람들을 골탕 먹였다. 이번에는 아무 일도 일어나지 않았던 것이다! 시장의 침묵은 불길해 보였다. 주가가 예상과 달리 급등하지 않는다면, 이제 무슨 일이 일어나려는 것일까? 무슨 일이 일어났는지 아는 데는 오랜 시간이 걸리지 않았다.

5월 14일 독일군이 프랑스를 침공하자, 마침내 수문이 열렸다. 하지만 새로운 상승장이 시작된 게 아니었다. 반대로 주가가 붕괴했던 것이다. 단 며칠 만에 산업 평균지수는 45포인트가 빠졌다. 사람들이 소리쳤던 것과는 정반대의 방향으로 상황이 전개되었다. 영국의 지수도 똑같이 고전을 면치 못했다. 기존의 생각들은 아무 짝에도 쓸모없는 것이 되었다.

프랑스의 유명한 마지노선은 독일군을 막는 데는 땅바닥에 새긴 금이나 진배없었다. 적군의 접근을 막아야 할 네덜란드 제방 역시 무용지물이었다. 프랑스군은 대패했다. 서구 세계는 히틀러와 나치에 대한 사람들의 생각이 틀렸다는 끔찍한 사실을 깨달았다. 이 사건도 역발상적 사고의 예에 해당된다.

1940년 6월의 중대 시기에 영국과 미국의 주가가 큰 폭으로 떨어져 바닥을 쳤을 때를 보면 우리는 많은 것을 배울 수 있다. 물론 당시 영국은 전쟁중에 있었고, 미국은 그렇지 않았다. 하지만 모든 것이 깊은 어둠 속에 있을 때 - 그 뒤 홀로 히틀러와 전투를 벌여야 하는 영국에게는 아무런 희망도 찾아볼 수 없었을 때 - 영국의 주가는 서서히 상승하기 시작했다. 그리고 그 뒤 1947년 1월까지 주가의 완고한 상승세는 단 한 차례도 꺾이지 않았다!

요컨대 프랑스가 정복되고 됭케르크의 비극이 일어나고 영국에서 공중전이 벌어지는 동안에도 영국의 주식 시장은 두려움에 떠는 세계를 향해 영국은 결코 무너지지 않으리라 외치고 있었던 것이다. 주가는 윈스턴 처칠처럼 히틀러가 영국을 이기지 못하리라는 절대적인 신념을 갖고 있었던 것이다. 이런 전쟁사의 기록에는 배울 것이 많다. 그래서 이 이야기에 이렇게 많은 지면을 할애하는 것이다.

그 동안 월스트리트는 어떻게 되었을까? 미국의 주식 시장은 1940년의 붕괴 뒤 회복되었다. 하지만 미국의 참전을 암시하듯이 주가는 1941년 다시 하락하기 시작했다. 진주만 폭격 당시는 소폭의 반등이 있었지만, 시장은 1942년 4월까지 계속 하락했다.[8]

여러분도 기억할 것이다. 그 뒤 미국의 앞날에도 역시 짙은 어둠이 드리워졌을 때 - 싱가포르가 함락되고, 바탄을 잃고, 코레히도르 섬을 포기해야 했을 때 - 주식 시장은 오히려 하락을 멈추었다. 마치 이렇게 말하는 듯했다. "이봐. 그 동안은 너무 지나쳤던 거라고. 이제부터는 미국이 전투에서 승리를 거둘 거야." 실제로 주가가 긴 하락을 끝내고 바닥을 쳤을 때는 코레히도르 섬이 함락된 날과 시기적으로 거의 일치한다. 하지만 그 순간까지 우리는 지고 있었다. 주가는 우리들, 사람들보다 정확하게 미래를 예측하고 있었던 것이다!

최근의 전쟁사는 일반적인 견해보다 그에 대한 반론이 더 정확한 때가 많다는 것을 충분히 보여주고 있다. 이제 좀 더 오랜 과거로 돌아가 군중 심리의 몇 가지 법칙을 살펴보자.

---

[8] 이 무렵 나는 『파이낸셜 월드(Financial World)』에 '역발상가를 위한 다가오는 수확의 시간'이라는 기사를 썼다. 1942년 3월 25일자에 실린 이 기사에서 나는 "침울한 대중과 비관적인 월스트리트, 하락세를 전망하는 경제 전문가들을 상관하지 않을 배짱이 있는 사람이라면, 현재의 약세론자가 강세론자가 될 때에도 약세론자가 되어 수익을 낼 수 있을 것"이라는 역발상적 견해를 제시했다.

5장

대중 열풍과 군중심리

The Art of Contrary Thinking

잠시 3세기 전으로 되돌아가 보자. 1634년 네덜란드에서 역사상 가장 기묘한 대중 열풍이 불어 닥쳤다. 오늘날에는 이 사건을 '튤립 광풍'이라고 부른다. 당시는 튤립 – 특히 드문 종 – 을 구하려는 불같은 욕망이 온 나라를 집어삼켰다. 오늘날 우리가 이런 광기를 상상하기는 쉽지 않지만, 어쨌든 그런 일은 실제로 일어났다. 여기에는 의문의 여지가 없다.[9]

튤립 가격은 놀랄 만한 수준에 도달했다. 1636년에 이르자 튤립 거래 요구로 인해 희귀종 튤립은 암스테르담과 네덜란드의 여러 도시에 있는 주식거래소에서 거래되기 시작했다. 곧 모든 사람들이 튤립 도박에 뛰어들었다. 맥케이는 『대중의 망상과 군중의 광기에 대한 회고』에서 이렇게 말했다. 다른 모든 열풍처럼, "모든 사람들이 튤립에 대한 열정

---

9) 찰스 맥케이가 쓴 『대중의 망상과 군중의 광기에 대한 회고(Memoirs of Extraordinary Popular Delusions and the Madness of Crowds)』라는 뛰어난 책에서 이에 관한 이야기 전체를 재미있게 읽을 수 있을 것이다. 1852년 런던에서 초판이 발간되었는데, 지금은 버나드 M. 바루크가 서문을 쓴 미국판이 나와 있다. 바루크는 군중 심리를 연구하는 사람들에게는 이 책이 필독서라고 말했다.

이 영원히 지속될 것이라고 상상했다. 세계 각지의 부자들은 네덜란드로 사람을 보내 어떤 가격이든 달라는 대로 돈을 주고 튤립을 사오라고 지시했다. 유럽의 부가 자이더 제이 해안으로 몰려들었고, 가난은 혜택받은 기후의 네덜란드에서 사라져버렸다."

  튤립 중매인은 주식 중매인처럼 '튤립 주식'의 상승과 하락에 투기했다. 한동안 모든 사람들이 돈을 벌었다. 많은 사람들이 갑자기 부자가 되었다. 귀족, 시민, 농부, 직공, 뱃사람, 종, 하녀, 심지어 굴뚝청소부와 누더기를 걸친 여인까지 튤립에 손을 댔다. 열풍이 확산되자, 사람들은 떼돈을 벌 수 있는 튤립 투기에 뛰어들기 위해 무슨 짓이든 서슴지 않았다. 터무니없는 가격에 집과 땅을 팔고 튤립을 살 현금을 구했다.

  물론 튤립 광풍은 다른 모든 대중 히스테리처럼 결국 사그라졌다. 하지만 그 과정에서 길거리에는 수많은 빈 지갑이 버려졌다. 붕괴가 찾아오자, 튤립 가격은 상승 때보다 훨씬 더 빠르게 하락했다. 그러고 나서 대개 그렇듯 사람들은 재정적 곤경에서 구해달라며 정부에 호소했다. 마침내 헤이그의 관구공의회가 사건을 맡았고, 이곳에서 현명한 판단을 내려 신용이 회복될 수 있는 어떤 조치를 취할 것이라고 너나없이 확신했다. 튤립 광풍은 너무나 널리 퍼져 있었기 때문에 모든 사업이 영향을 받았고 네덜란드의 일반적인 재정 상태는 위험에 처해 있었다. 하지만 이 거룩한 기관은 숙고만 할 뿐 아무런 조치도 취하지 않았다. 그들은 해결책이 없다고 생각하여, □문제가 가라앉아□ 저절로 해결되게 내버려두었던 것이다. 네덜란드의 상업은 심각한 충격에 빠졌고, 회복되는 데에는 많은 세월이 걸렸다.

맥케이의 책에서 읽을 만한 또 다른 대중 열풍의 사례로는 프랑스에서 있었던 존 로의 '미시시피 계획'과 영국의 '남해회사 거품 사건'이 있다.[10] 우연의 일치이지만 두 사건 모두 1700년대 초에 일어났다. 여기서 이 두 가지 투기 열풍에 관해 자세하게 얘기하지는 않을 것이다(미시시피 계획은 지폐, 남해회사 거품 사건은 주식과 관련되어 있었다). 얼마 전 보스턴에서 발생한 '피터에게 빌려 폴에게 주는 식의' 폰지 계획이나 1920년대 있었던 플로리다 땅 투기 사건도 앞의 두 사건만큼이나 흥미롭고 어이없다. 플로리다 땅 투기 사건 때는 사람들이 물속의 땅을 사기도 했다. 튤립 광풍에 휘말린 군중 심리와 오늘날 참가자에게 상품을 주는 라디오 프로그램에 빠져 있는 사람들의 심리는 근본적으로 같다.

---

10) 존 로의 화폐 계획은 연구해볼 만하다. 왜냐하면 현대의 금융가들은 로의 개념을 차용하고 있기 때문이다.

역사나 일상의 사건을 돌아볼 때, 열풍('광기'의 정도만 다른)이 빈번히 '군중'의 상상력을 사로잡고 사람들의 넋을 빼는 상황을 발견한다. 최근에도 이런 일을 수없이 목격할 수 있었다. 여러분도 기억할 테지만, 최근 나라 안 여기저기에 "톰 썸 골프 코스(Tom Thumb golf courses)"라는 푯말이 불쑥불쑥 나타났다가 몇 달 만에 흔적도 없이 사라져버렸다. 이때 '늦게 뛰어든' 사람들은 큰 손해를 보았다. 월스트리트에서 주가 흐름을 타려다가 돈을 잃는 경우와 다를 바 없다.

이와 관련하여 여러분이 특히 관심을 가졌으면 하는 책이 한 권 있다. 군중 행동에 관한 고전이라고 할 이 책은 귀스타브 르 봉이라는 뛰어난 프랑스인이 50여 년 전에 쓴 『군중심리(La psychologie des foules)』이다. 르 봉은 이 책에서 매우 분명하고 명확하게 군중 행동 - 군중은 무엇이며 군중은 다양한 영향력에 대해 어떻게 반응하는지 - 을 설명하고 있다.

물론 군중과 개인의 기본적인 차이점은 이렇게 말할 수 있다. 개인은 추론과 분석에 따라 행동하는 반면, 군중은 감정과 기분에 따라 행동한다. 군중은 '지도자'를 추종하거나 지도자의 행동이라고 생각되는 것을 추종한다.

군중은 르 봉이 말하는 '전염'에 취약하다. 일단 어떤 생각이 소수의 주의를 사로잡으면 곧 많은 군중이 아니면 '모든 사람'이 그 생각에 사로잡히게 된다. 군중은 사람 수에 상관없다. 하지만 어떤 권위자는 5명에서부터 군중이 형성된다고 하고, 또 다른 권위자는 그보다 훨씬 더 많은 수의 사람이 있어야 군중이 이루어진다고 믿고 있다. 대중의 관심 – 군중의 관심 – 을 끄는 상황에 대해 역발상을 적용하려는 우리의 목적에서 생각해보자면, 관련된 사람들의 수는 그다지 큰 상관이 없다고 하겠다. 물론 신뢰할 만한 역발상적 사고를 전개하자면 군중의 규모가 클수록 좋은 것은 사실이다.

군중은 생각하지 않고 충동에 따라 행동하기 때문에, 대중의 견해는 자주 틀린다. 그리고 군중은 감정이나 기분에 사로잡히기 때문에, 열풍이 일단 힘을 받으면 대중은 홀린 듯이 빠져든다. 주식 시장에서도 이런 상황을 쉽게 볼 수 있다. 주가가 낮고 변동 폭이 작으면 군중은 무관심한 상태로 남아 있다. 하지만 주가가 큰 폭으로 움직이면 대중은 흥분하기 시작한다. 특히 주가가 상승할 때 대중은 열풍에 사로잡힌다. 따라서 예전에는 시세 조작자들이 주가를 띄우고 고공행진을 떠받들면 군중이 쉽사리 시장에 몰려들곤 했다.

또한 르 봉은 군중의 주된 특징 중 하나는 '암시'에 취약한 것이라고 말했다. 암시는 '전염성'이 강하다. 이외에도 르 봉은 "군중은 아무리 무관심해 보인다고 해도 대체로 기대와 관심의 상태에 있으며, 이 때문에 암시가 작용하기 쉽다"고 지적했다. 우리는 이를 통해 중요한 공식 발표들이 암시의 힘을 발휘하고 강력한 전염성으로 대중에게 영향을 끼친다는 것을 알 수 있다.

나무 사이를 지나다니는 바람처럼 소문이 도시를 얼마나 자주 관통하는지 생각해보기 바란다. 여러분은 시시콜콜한 소문들이 어떻게 그렇게 빨리 퍼질 수 있는지 의아해할 것이다! 그리고 이야기는 보통 퍼지면서 더 커진다. 경제 뉴스, 상업 뉴스, 정치 뉴스도 마찬가지다.

나아가 르 봉은 말한다. 군중은 "이미지로 생각하고, 이미지는 일련의 또 다른 이미지들을 불러온다." 예컨대 2~3년 전 커피가 부족해질 것이라는 소문이 나돌자, 여자들은 곧바로 상점으로 달려가 커피를 사재기하기 시작했다. 이것은 군중 행동의 완벽한 예이다. 그들은 오래 두면 커피가 상한다거나 커피가 부족해질 것이라는 얘기가 과장일지 모른다는 생각은 전혀 하지 않았다. 군중은 멈춰 서서 생각해보지 않는다. 암시의 힘은 행동을 유발하는 데 있다.

정치적인 관점에서 보자면, 르 봉이 지도자가 가진 군중에 대한 영향력을 두고 한 말은 특히 흥미롭다. 트루먼 대통령은 1948년 전국을 순회할 때 바지 뒷주머니에 『군중심리』를 넣고 다녔다고 한다. 르 봉의 말을 들어보자.

군중은 과도한 감정에 빠져드는 경향이 있다. 따라서 감정적 과장에 의해서만 군중에게 영향력을 행사할 수 있다. 군중의 마음을 움직이려는 웅변가는 강력한 긍정과 단적인 표현들을 마구잡이로 사용해야 한다. (트루먼은 1948년 유세 때 어디를 가든 '쓸모없는 80대 의회' 얘기를 했다.) 과장하고 단언하고 반복하되 절대 증명하지 않는다는 규칙은 대중 집회의 연설가들에게 잘 알려진 연설 방법이다.

군중 심리라는 매력적인 주제를 파고들다 보면 인간적인 요소가 경기 순환에서 강력한 힘으로 작용한다는 사실에 고개를 끄덕일 수밖에 없을 것이다. 통화 요소는 강력하며, 생산은 경제의 기본적인 요인이다. 하지만 인간이 어떤 결정을 내리는가는 경제 문제에서 항상 가장 큰 고려의 대상이 되어야 한다.

경제 연구에 이바지한 어떤 저명한 경제학자는 나에게 다음과 같은 글을 보냈는데, 나는 그의 의견에 매우 큰 고마움을 느낀다.

나는 오랫동안 경제 상황의 중요한 변화나 주가의 상당한 변동을 예측할 수 있는 건전하고 유효한 방법은 없다고 믿어왔소. 하지만 불완전한 여러 방법 중에서, 당신이 제시하는 방법이 그래도 가장 신뢰할 만하오(역발상 분석을 얘기하는 것임).

다른 말로 하자면, 합리적인 정확성으로 경제 추세를 예측하려면 통계적 증거 외의 다른 지침들이 필요하다는 것이다.

르 봉은 『군중심리』만큼 중요한 책들을 많이 썼다. 대형 도서관을 빼면 그 대부분은 구하기가 어려운데 『사회주의 심리(Psychologie du socialisme)』은 여러분에게 놀랄 만한 경험이 될 것이다. 이 책 역시 써진 지가 50년이 넘었다(1899년). 여기서 얼마간 지면을 할애하여 르 봉이 사회주의를 어떻게 정의하는지 소개하고자 한다. '주의'가 어떻게 많은 사람들을 끌어들이고 붙잡아두는지 가르쳐주기 때문이다.

사회주의는 어떤 하나의 이론보다는 종교적 성격의 신념이 되어가고 있다. 신념의 위대한 힘은, 이처럼 종교적 형태를 띠면 …… 진실 혹은 거짓과 상관없이 대중에게 전파된다는 점에 있다. 신념이 일단 사람들의 마음속에 자리 잡으면 그 불합리성은 더 이상 보이지 않기 때문이다. …… (두 번째와 세 번째 문장은 사건을 '합리화'하는 사람들의 습성을 잘 간파하고 있다.)

정치적·시민적 평등에 더 이상 만족하지 못하는 군중에게, 사회주의는 조건의 평등을 제시한다. 사회적 불평등은 인간으로서는 바꿀 수 없는 자연적 불평등에서 비롯된다는 사실은 꿈에도 생각하지 않는 것이다.

누구든 최근에 '종교적 성격'을 띠게 된 몇몇 '운동'을 생각하지 않을까 싶다. 뉴딜 프로그램의 시작으로 우리 사회 한가운데서 태어난 사회주의 혁명은 정말로 르 봉의 지적을 그대로 따르는 것 같다.

6장

인플레이션 열풍들

The Art of Contrary Thinking

또 하나의 역사적 사례도 군중 심리라는 주제를 살펴보는 데 도움이 될 것이다. 인플레이션(통화 팽창)을 둘러싼 사건들은 탐욕, 공포, 욕심의 모든 면에서 군중 행동을 반영한다. 사실 역사는 인플레이션 열풍에 대한 이야기들로 넘쳐난다. 1920년대 독일과 프랑스의 인플레이션이 대표적이다. 1940년대 중국의 인플레이션도 마찬가지다. (미국의 사례도 있지만, 다행히 미국은 '악성'이 되지 않았기 때문에 그 정도가 덜했다.)

모든 사람들이 알아두어야 할 역사적 인플레이션 사례는 또 있다. 틀림없이 여러분도 18세기 프랑스에서 있었던 신용 화폐 이야기를 알 것이다. 여기서 그 이야기를 한번 간략히 살펴보기로 하자. 인플레이션의 원인과 '통제'의 시도가 오늘날의 세계에 진지한 가르침을 주기 때문이다. 역사를 통해 반복적으로 나타나는 현상이지만, 국가가 재정적 곤란에 직면하면 "우리가 필요로 하는 것은 더 많은 돈이다"라는 사상이 해결책이 되곤 한다.

앤드류 D. 화이트는 그의 유명한 논문에서 이렇게 썼다.[11] "1789년 초, 프랑스는 심각한 재정적 곤경에 처해 있었다. 엄청난 채무와 심각한 적자가 발생했다. 정치적 조치, 주의 깊은 관찰, 현명한 관리가 이어졌다면, 머지않아 신뢰가 회복되었을 것이다. …… 하지만 여기에는 인내와 자제가 필요하다. 이런 특성들은 지금까지 인간의 역사에서 정치적 지혜의 가장 보기 드문 산물이었다……." 우리는 화이트의 말을 가슴 깊이 받아들여야 한다. 그의 말은 오늘날에도 해당되기 때문이다.

프랑스에서는 고된 길이 언제나 매력이 없었다. 화이트의 얘기에 따르면, 모두들 번영기로 인도해줄 지름길을 찾아보았고, "머지않아 나라에 부족한 것은 더 많은 통화 수단(오늘날에는 세계적으로 더 많은 달러)이라는 생각이 퍼지게 되었다. 그 뒤 지폐를 더 찍어내라는 요구가 따랐다."

마라는 교회의 땅을 담보로 지폐를 발행하려 했는데, 위대한 미라보는 웅변의 힘으로 마라의 이 대담한 계획을 막으려 했다. 미라보는 국민회의에서 정화 없이 4억 아시냐를 발행하려는 사악한 생각에 목소리를 높여 반대했지만, 소용없었다.

---

11) 「프랑스의 신용 화폐 팽창(Fiat Money Inflation in France)」

지폐 유통은 처음에는 성공적인 결과를 가져왔다. 잠시 동안 경기가 살아나고, 사람들은 행복해했다. 프랑스는 뛰어난 통화 정책에 쾌재를 불렀다.

하지만 뻥튀기 경제학(bootstrap economics)은 오래가지 못하는 법이다. 단 5개월도 안 되어 돈이 다 사라져버렸고, "정부는 다시 곤경에 처했다." 그 다음 그들이 어떻게 했는지는 잘 알 것이다. 길고긴 논쟁이 벌어졌지만, 결국 현명한 조언은 무시되었다. 1790년 9월 29일, 국민회의는 대다수의 찬성으로 더 많은 아시냐를 발행했다. 이번에는 금액이 그전의 두 배인 8억 아시냐에 달했다.

돈이 많아지는 것이 곧 번영이라는 잘못된 환상은 프랑스를 휩쓸었다. 광란의 축제는 멈출 줄 몰랐다. 계속 돈을 찍어대자 화폐 가치가 폭락했다. 곧 궁지에서 벗어나기 위해 과감한 법률이 제정되었다. 토지가 몰수되고, 가격 통제가 실시되었다(곡물최고가법).

화이트는 이렇게 설명했다. "새로운 지폐는 상황을 나쁘게 만들 뿐이었다. …… 하지만 병을 악화시키는 통화적 자극 외에는 구제책이 없었다. 마침내 붕괴가 찾아왔다. 그리고 공포와 충격 속에서 자본과 노동의 대가 같은 확실성이 지배하는 상황이 다시 돌아왔다. 새로운 번영의 시기가 도래한 것은 그러고 나서였다."

미국도 마찬가지지만 정부가 막대한 채무를 지고 있을 때는 사려 깊은 시민들이 재앙이나 다름없었던 과거의 통화 팽창 정책이나 뻥튀기 경제학에 대한 환상 - 늘 군중의 광기를 수반하는 - 을 되돌아볼 필요가 있다.[12]

---

12) '환상'을 깨닫는 데 무엇보다 도움이 되는 책은 로버트 L. 스미틀리가 쓴 『금융에 관한 잘 알려진 망상들(Popular Financial Delusions)』이다. 이 훌륭한 책이 내 친구 제임스 L. 프레이저의 회사인 프레이저 출판사에서 재간되었다는 사실이 기쁘기 그지없다. 현재 은퇴한 스미틀리는 경제학 연구 분야에서 이론의 여지가 없는 권위자이다. 한때(1907~1910년) 뉴욕증권거래소 회원이었던 그는 증권거래소의 객장에서 주문을 내는 일보다 금융에 관한 책들을 연구하는 일에 더 큰 흥미를 느끼게 되었다(그럼에도 불구하고 그는 언제나 뛰어난 투기자이자 거래자였다). 그 뒤 그의 연구 및 자문 사업은 전 세계로 영역을 넓혔고, 많은 대학과 사설 도서관은 스미틀리가 선정하는 사회·경제 서적을 구입했다. 나 또한 스미틀리에게 되갚을 수 없을 만큼 큰 빚을 졌다. 그는 오랫동안 나에게 가르침과 조언을 해주고, 연구와 독서를 지도해주었다. 이 기회에 그가 나에게 베푼 은혜에 대한 고마움을 표현할 수 있어 한없이 기쁘다.

7장

통화량 조절 방법을 눈여겨보라

The Art of Contrary Thinking

'통화' 문제는 이 책에서 다루기에는 너무나 복잡하다. 그 자체가 하나의 중요한 연구 주제이고, 세계의 뛰어난 지성들조차 여전히 골머리를 썩고 있는 문제이다. 통화 경제에 관해 정통한 논의를 시도하는 일은 주제넘은 일이 될 것이다.

하지만 대중이나 보통의 사업가들은 통화 문제를 제대로 이해하고 있지 못하고, 이 때문에 '통화 관리' 문제가 대중이 경제 추세에 대한 잘못된 판단을 하게 만든다는 것을 지적해두어야겠다.

통화량 조절은 뻥튀기 경제학 시스템에서 정교하고 까다로운 수단이다. 흔히 행해지는 통화량 조절 방법을 눈여겨보는 습관을 기른다면, 공식 발표와 경기 순환에 관한 이야기에서 흔히 판단되는 것과 반대되는 올바른 경기 추세를 알아낼 수 있을 것이다. 예컨대 1949년에는 통화 정책의 변화로 경제 활동의 둔화 국면을 조기에 끝낼 수 있었다. 내가 1949년 전반기에 경기 침체가 다시 연기될 것이라고 역설상적 사고를 제기할 수 있었던 것은 바로 이런 통화 정책의 변화 때문이었다.

1949년 6월 연방준비제도이사회에서 발표한 정책을 기억해보자. "전체 경기와 신용 상황을 최우선적으로 고려하여 연방준비은행의 정부 증권 매입, 매각, 교환을 이끄는 것이 공개시장위원회의 정책입니다."

이 얘기는 연방준비은행이 경기 순환의 조절에서 어떤 역할을 하는지 보여준다. 전직 재무장관 스나이더는 (1950년에) 채무 관리 정책이 "재무장관의 소임이며, 다른 누구에게도 위임할 수 없는 임무"라고 밝혔다. 재무부가 값싼 돈 – 낮은 이자율 – 을 원하는 상황에서 연방준비제도이사회가 이자율을 제어하려 들자, 그 뒤 몇 달 동안 '흥미로운 불일치'가 목격되었다. (여러분도 이때 무슨 일이 일어났는지 기억할 것이다. 연방준비제도이사회가 채권 시장에서 지지를 철회하는 정책을 펼치자, 곧이어 이자율은 오르고 국채 가격은 하락했다. 1953년 이자율은 여전히 떨어지지 않았고, 장기 채권 이자율은 3퍼센트를 넘었다.) 1955년 신용 팽창과 통화 억제 사이의 힘겨루기는 뉴스거리가 되었다. 연방준비제도이사회는 소비자 대출의 과도한 팽창을 억제하는 데에 단호했다.

대중과 사업가들은 대부분 통화 정책에 관심이 없거나 이를 이해하지 못한다. 역발상가들은 통화 시장과 국채 시장의 기본에 대해 열심히 연구해야 한다. 은행 기관이나 정부 당국이 경제 추세에 어떤 영향력을 행사하는지 판단할 수 있어야 하기 때문이다. 세계(그리고 미국)는 금본위제를 폐지했기 때문에, 사람들이 통화량을 조절한다. 따라서 통화량은 경기 예측의 열쇠가 되었다.

내가 1951년 초에 통화 문제와 관련하여 제기한 역발상적 사고는 이자율이 상승하는 반면 국채 가격은 하락하리라는 아이디어였다. 연준의 반인플레이션 정책에 대한 필요성 때문에 그렇게 생각했다. 이것은 정부의 선전에 대한 흥미로운 역발상적 사고의 예라고 할 것이다. 대통령과 재무장관은 그 동안 2.5퍼센트의 장기 이자율에 대해 요란하게 떠들어댔지만, 이자율은 그보다 높이 올라갔다. 아이젠하워 행정부는 건전한 통화 프로그램을 위해 애썼지만, 규모가 커진 정부와 '우주 시대'의 비용은 그 노력을 무색하게 만들었다.

8장

역발상은 현실보다 한발 **앞선다**

The Art of Contrary Thinking

"대중은 언제나 틀리는가?"
이 질문이 아마 역발상의 법칙에서 볼 수 있는 가장 흔한 질문일 것이다. 정확하게 답변하기 위해서는 질문을 약간 고칠 필요가 있다. 이렇게 질문해보자. "대중은 매순간 틀리는가?"

대답은 물론 "아니다"이다. 대중은 사실 옳을 때가 더 많다. 주식 시장에서 하는 말을 들어보자면, 대중은 추세가 진행되는 동안에는 옳지만 추세의 양 극단에 가서는 틀린다! 대중이 보통 중대 국면이나 추세의 시작과 끝에서 틀린 판단을 한다는 것은 누구나 단언할 수 있을 것이다.

그러면 여러분은 짐짓 냉소적으로 이렇게 말할지 모른다. "그래요. 대중은 옳게 판단해서 돈을 벌어야 할 순간에는 틀린다는 거군요. 하지만 다른 때는 결코 틀리지 않고요. 내 말이 맞나요?"

나는 종종 이런 질문을 받는다. "1928년과 1929년은 어땠나요? 그때는 대중이 주식 시장에 대해 옳게 판단하지 않았나요? 그렇다면 이때는 역발상적 사고가 틀린 거잖아요?" 옳다는 것이 당시 투기 광풍에 동참하는 것을 의미한다면, 1928년에 대중은 확실히 옳았다. 하지만 마지막에 가서 치명적 타격을 입었다는 점에서 대중은 완전히 틀렸다.

이와 비슷하게 역발상적 사고는 몇 달 앞섰다는 점에서는 틀렸다. 1928년과 1929년 같은 대중의 대규모 투기 기간 동안, 역발상적 사고는 사람들을 이런 광풍에서 지켜주었다는 점에서는 옳지만, 중간의 가공 이익(paper profit)을 생각해보면 틀렸다고 해야 한다.

매우 영리한 많은 사람들은 1928년에 주식을 팔아치웠다. 주가가 터무니없다는 것을 깨달았기 때문이다. 하지만 많은 사람들은 계속하여 치솟는 주가의 자력에 이끌려 시장으로 다시 돌아왔다. '모든 사람'이 상승 행진을 계속하는 주가에 너무 깊이 사로잡혀 있었기 때문에, 거의 아무도 멜론 장관의 영문 모를 말에 귀 기울이지 않았다. 그는 1929년 7월 "이제는 채권을 사야 할 때입니다"라고 했다. 정말로 그가 무슨 말을 하는지 생각해보거나 관심을 기울인 사람은 거의 없었다!

역발상적 사고는 대개 여러분을 사건보다 훨씬 앞서 나가게 할 것이다. 사실 역발상이 도출된 결론과 시기적으로 정확히 일치하는 경우는 거의 없다. □시간 요소□는 경제학에서 파악하기 가장 어려운 요소다. 우리는 이 사실을 머릿속에 꼭 기억해둘 필요가 있다. (내가 아는 한, 사건이나 추세의 타이밍을 맞추는 기법은 알려져 있지 않다.)

따라서 역발상적 사고를 하나의 지침으로 적용할 때는 군중보다 너무 앞서나갈 수 있다는 사실을 명심해야 한다. 이는 대개 경기 추세가 너무 천천히 바뀌기 때문이다. 대개 어떤 주어진 상황에 대한 견해가 너무 일방적이기 때문에, 반론은 분명하게 인식된다. 하지만 상황이 바뀌어 역발상으로 도출된 결론이 충분히 올바른 견해가 되기까지는 몇 주 또는 몇 달이 걸릴 수 있다.

그러나 경제에 관한 대부분의 결정에서는 늦는 것보다는 이른 게 낫다. 이는 비단 주식 시장에만 해당되는 얘기가 아니다. 결코 그렇지 않다. 경제 정책이나 다른 여러 경제 문제에도 똑같이 해당된다. 요약하자면, 대중이 매순간 옳은 것은 아니다. 그리고 역발상적 사고는 대개 시기적으로 이른 경향이 있다.

9장

역발상은 **실수**를 피하게 해준다

The Art of Contrary Thinking

역발상의 법칙에 관한 이 짤막한 보고서를 마치며, 우리는 마지막으로 다음과 같은 한 가지 질문에 답해보아야 할 것이다. '역발상의 법칙은 활용하기 어려운가?' 분명히 어려운 질문이다. 역발상의 법칙은 볼 수도, 만질 수도 없기 때문이다. 군중과 반대로 생각하는 습관을 들이면 틀릴 때보다 옳을 때가 많다는 사실은 충분히 많은 증거를 통해 이미 입증했다고 생각한다.

역발상 이론이 당혹스럽고 삐딱하게 보이는 것은 사실이다. 우선 일반적인 견해에 반대한다는 것은 인간의 자연적 반응에 반대한다는 것이다! 게다가 여러분의 역발상적 사고를 두고 함께 얘기해야 할 다른 사람들은 거의 예외 없이 맹렬하게 여러분을 공격할 것이다. 그들은 셀 수 없이 많은 이유와 이론을 찾아 여러분의 역발상적 사고가 틀렸다는 것을 보여주려 할 것이다. 반론을 지켜나가는 것은 힘든 일이다. 여러분이 다른 사람처럼 생각해야 하는 것은 분명해 보이기 때문이다. 게다가 여러분의 주장을 입증하는 데는 종종 오랜 시간이 걸린다. 따라서 의지가 약해진다. 여러분은 자신의 역발상적 사고가 틀린 것이 아닌가 하고 두려워하기 시작한다! 역발상적 사고를 한다는 것은 명백해 보이는 견해에 반대한다는 뜻이다. 이런 경험은 여러분에게 종종 당혹감과 좌절을 안겨다줄 것이다.

거의 300년 전의 인물인 프랜시스 베이컨 경의 말을 들어보면, 혼란스런 설명을 이해하는 데 도움이 될 것이다. 그는 이렇게 말했다. "무엇이든 믿기 전에 먼저 의심하라! 우상을 경계하라!" 『신기관(Novum Organum)』에서 이 날카로운 사상가이자 우상 파괴자는 지식에 대한 고찰을 하기 전에 먼저 모든 것을 의심하는 방식을 확립했다. "일반적으로 말해, 모든 학자들이 이를 규칙으로 삼아야 한다. 고유한 만족감으로 정신이 안주하고 있는 모든 것에 대해 의심을 해야 하고, 이런 문제를 다루면서 …… 공평하고 명확한 이해를 지속하기 위해서는 더 큰 주의를 기울여야 한다."

베이컨의 말을 들어보면 그 역시도 군중의 견해를 고찰하지 않을 경우 경제나 정치 사건에 관한 결론을 내릴 때 실수를 저지르기 쉽다고 말했을 게 틀림없다. 역발상적 사고는 분명히 추세 예측 때 저지르는 많은 흔한 실수들 – 대중의 행동을 잘못 파악했기 때문에 생기는 실수들 – 을 피하는 데 도움을 줄 것이다.

이런 일은 자유방임 사회체제보다는 특히 관리 경제의 경우에 해당된다는 게 내 생각이다. 이미 언급했듯이, 우리가 현재 점점 더 다가가고 있는 관리 사회체제에서는 선전이 '관리자들'의 막강한 무기가 되기 때문이다.

우리의 정신은 우리에게 영향을 미치려는 의도의 생각이나 사고로 계속하여 융단 폭격을 당한다. 우리는 실제로 조작된 뉴스들이 얼마나 많은지 알지 못한다. 선전과 실제 뉴스를 구분하려면, 뉴스 수집 및 선전 기관들을 날카로운 눈으로 파악해야 한다.

하지만 대중의 견해 – 기업가들의 견해 – 를 알아보고, 그런 다음 앉아서 반대되는 시각들을 검토하는 데는 그다지 날카로운 눈이 필요하지 않다. 연습은 해야 하지만, 생각보다 그다지 어렵지는 않을 것이다.

1부를 마치면서, 독창적인 사고를 창조하는 것보다 일반적인 견해에 대해 반론을 제시하는 게 훨씬 더 쉽다는 것을 말해주고 싶다. 역발상적 사고는 돈을 벌어다준다. 틀린 생각에서 벗어나게 해주기 때문이다.

2부

역발상의 **법칙**과 역발상의 **기술**

"관습과 반대되는 길을 따라가라. 그러면 거의 언제나 성공할 것이다."

— 장 자크 루소(1712~1778년)

1장

대중의 감정적 물결

The Art of Contrary Thinking

여기서는 전쟁 때 일어나는 대중의 감정적 물결에 대해 살펴볼 것이다. 감정은 사건과 함께 일어났다 사라진다. 하지만 고조 단계에서는 밀물처럼 감정이 계속 커진다.

전쟁은 비정상적인 수준까지 감정을 자극하고 행동을 유발한다. (르 봉의 표현을 빌리자면) '전염'이 일어난다. 애국심, 경계심, 적에 대한 본능적 증오 같은 것이 모두 어우러져 집단 안보를 위해 무리를 이루도록 사람들을 분기시킨다. 윌리엄 트로터는 이렇게 말했다. "군거성 동물의 중요한 정신적 특징은 무리에 있는 동료 일원에 대한 민감성이다. …… 전체 무리에 대한 위협은 가장 강렬한 자극이다. …… 각 개체는 그 어느 때보다도 강력하게 이에 반응한다."[13] 에버릿 딘 마틴은 "이윤 추구 말고는 모든 관심이 적을 멸하려는 단 하나의 열정에 종속된다"고 했다.[14]

---

13) 『평화와 전쟁 시의 집단 본능(Instincts of the Herd in Peace and War)』. 1916~1918년에 그랬던 것처럼 지금 읽고 연구하는 데도 부족함이 없는 책이다.
14) 『군중 행동(The Behavior of Crowds)』.

전쟁이 불러일으키는 감정의 물결에 대해 얘기하자니 아놀드 토인비의 경고가 생각난다. 그는 1914~1918년의 전쟁과 1939~1945년의 전쟁이 "별개의 전쟁이 아니었으며, 전례가 없는 재앙도 아니"라고 했다. "양차 세계대전은 연속된 두 차례의 전쟁이었다." 게다가 그 규모는 확대되었다. 토인비는 제2차 세계대전이 "점점 확대되는 이런 흐름의 클라이맥스가 아니다"고 결론 내렸다.

하지만 '전체 집단'이 절멸의 위협을 받기 전까지는 집단 본능이 완전히 깨어나지 않는다는 사실을 알아야 한다. 예컨대 중공이 한국전쟁에 끼어들어 확전의 가능성이 대중의 공포가 되기 전까지는, 6,000마일 떨어져 있는 한국의 전쟁은 미국인들의 감정을 크게 자극하지 않았다.

트로터는 1899~1901년의 보어 전쟁을 언급하며 전시 군중심리의 이 같은 특징에 대해 이야기했다. "이 전쟁은 영국에 직접적인 위협이 될 수 없었고, 그렇게 여겨지지도 않았다." 미국의 역사에서는 스페인·미국 전쟁이 비슷한 예라고 하겠다. 1940년 겨울 '전투 없는 전쟁' 기간 동안에는 국내 또는 해외에 있는 미국인들은 히틀러의 위협에 대해 무관심했다.

한국에서 일어난 전쟁이 확대되는 방식 – 그리고 한국에서 실행에 옮겨진 전쟁 계획과 광범위한 선전 – 때문에

1951년 초 대중의 감정적 물결이 우리를 덮치기 시작했다. 역사에서는 이런 전시 감정을 늘 볼 수 있다.

하지만 – 이게 골자인데 – 전쟁 계획이 주로 방어전을 위한 것이면, 전시 감정이 계속되거나 강렬해지기 어렵다. 따라서 대중의 감정적 물결에 대해서는 다음과 같이 말할 수 있다.

1. 실제 전쟁이 몇 달 내에 일어나지 않으면, 전시 감정의 물결은 사그라지기 쉽다.
2. 전 세계에 영향력이 파급되는 전쟁이 다시 일어난다면, 현재 우리가 생각할 수 있는 것보다 훨씬 더 큰 재앙이 될 것이다 ('감전을 일으키는 듯한 공포').
3. 전쟁의 위협이 갑자기 감소하면, 전쟁 계획에 반대하고 이를 억제하려는 대중의 반응 역시 갑자기 나타난다.

2장

투자자의 딜레마

The Art of Contrary Thinking

역발상의 법칙이 주식 시장 예측이나 투자 관행과 관련하여 흥미로운 논의를 일으키기 시작한 것은 얼마 되지 않은 일이다. 『커머셜 앤드 파이낸셜 크로니클(Commercial and Financial Chronicle)』의 편집위원장 A. 월프레드 메이는 1950년 12월 27일 시카고에서 행한 연설에서 투자 전문가들을 자극하면서, 시장 변동 예측 기법의 인기에 일침을 가하고, '가치 개념'을 강력히 지지했다. 그는 가치와 유망 자산을 살 것을 주장했다. 요컨대 주식 대신에 농장이나 기업체를 사라는 것이었다. (25년 전이었다면 나 또한 열렬히 찬성했을 투자 전략이다.)

나는 그 뒤의 논쟁에 참여하게 되었다('편집장에게 보내는 편지'에서). 뉴욕 증권거래소의 회원사인 윈슬로, 코후 앤드 스텟슨의 B. K. 설로는 메이의 구매 전략에 동의하면서 메이에게 매도 때는 어떤 전략이 있는지 물었다. 설로의 질문 가운데 한 가지는 이런 질문이었다. "……전략의 일부로 닐의 역발상의 법칙 같은 일반적인 심리적 접근법을 고려할 필요가 있다고 생각하십니까?"

이 질문은 우리가 역발상적 법칙을 설명하고 또 다소 이상한 얘기를 할 수 있는 기회를 제공한다. 우리는 문제 전체의 근간을 이루고 있는 심리적 요소 – 너무나 자명한 이치 – 를 강조해야 한다. 투자는 결국 인간의 문제이기 때문이다.

보통의 투자자들은 생각하지 않고, 또 생각하고 싶어 하지도 않는다. 자동적인 예측 기법은 투자자들에게 스스로 수고해야 하는 부담을 덜어준다. 투자자들은 단순히 어떤 주가 변동 예측 기법의 결과를 '읽기'만 하면 된다. 그러면 땅속 깊이 묻혀 있는 보물을 파기 위해 땀을 흘리며 삽질을 하지 않아도 된다. 진정한 가치를 찾는 일은 고된 일이다! 메이의 '가치 구매' 개념은 의문의 여지없이 건전한 접근법이다. 하지만 이를 위해서는 골머리를 썩여야 하고 정신적인 규율이 필요하다. 대중 가운데 많은 수가 이런 일을 하기는 힘들다.

따라서 대중 심리가 바뀌기 전까지는 – 오랜 세기 동안 바뀌지 않은 – 역발상이 여전히 유효한 방법으로 남아 있을 것이라는 게 내 생각이다. 투자자들(그리고 많은 조언자들)이 '군중'으로 행동하는 한, 역발상은 돈을 벌어다줄 것이다.

이제 이상한 얘기를 해보자. 이상한 얘기란 결정의 시기를 택하는 데 역발상의 법칙을 활용한다면, 누구든 번번이 실망하게 될 것이라는 얘기다.

하지만 그렇다고 역발상의 법칙이 소용없다는 뜻은 아니다. 경제 추세의 타이밍을 포착하는 방법은 현재 알려져 있지 않다. 하지만 군중이 늘 시장 추세의 중요한 반전 영역에서 틀린다는 사실은 잘 알려져 있다. 좀 빠를지 모르지만, 여러분의 시계는 그래도 여전히 유용하다. 시계가 빠르기 때문에 약속 시간보다 이를 수는 있지만, 기차를 놓치지는 않을 것이다.

게다가 만약 메이의 건전한 전략을 받아들이려 한다면, 더더욱 역발상의 법칙이 필요할 것이다. 역발상적 사고는 탐구하는 자세에서 나온다. 발견되지 않은 물건을 찾아 발길이 드문 곳을 찾지 않는 한, 가치를 발견하기는 무척 어렵다. 반대로 과대평가된 물건은 시장이 흥분에 들떠 모두가 그 물건을 사려 할 때는 과대평가된 사실이 쉽게 간과된다. 시장이 '고가'를 형성하고 있을 때 '가치' 있는 것이 더 적다는 것은 분명하다. 하지만 메이가 지적했듯이, 더 깊이 땅을 파는 사람들에게는 가치 있는 물건이 기다리고 있을 것이다. (어떤 사람들은 그 예로, 1929~1930년의 금 관련 주를 들지도 모르겠다.)

3장

습관

The Art of Contrary Thinking

습관이라는 말은 역발상의 기술에 관한 글에서 자주 등장할 것이다. 그래서 습관을 하나의 주제로 다루어보기로 했다. 물론 습관은 심리학의 중요한 연구 주제 중 하나다. 습관은 다양한 형태로 존재한다. 고착된 습관, 변할 수 있는 습관, 육체적인 습관, 정신적인 습관, 감정적인 습관 등이 있다.

윌리엄 헨리 마이크셀은 그의 저서 『정신 위생학(Mental Hygiene)』에서 우리에게 "정신의 모든 부문은 습관화되어 있다"고 말했다. 그의 말을 들어보자.

모든 사람에게는 행동 습관처럼 사고 습관이 있다. 어떤 사람은 다른 사람이 지금부터 10년간 거쳐 갈 일반적 형태의 판단들을 예상할 수 있다. 사고방식이 고착되기 때문이다. 모든 사람에게는 또 감정 습관이 있다. 새롭고 신선한 감정은 거의 존재하지 않는다. 대부분의 감정들은 우리가 이미 다 경험한 것들이다. 태도는 대개 감정 습관으로 이루어져 있다. …… 모든 사람에게는 감정적 습관이 있고 또 인식적 습관이 있다.

우리는 습관을 통해 행동과 사고의 정해진 틀을 만든다. 사업이나 재정에 관한 사고 역시 마찬가지다. 밥을 먹거나 옷을 입는 일상적 행동처럼 습관화되는 것이다. 인생의 길을 가면서 많은 판단 습관이 고착화된다. 일상에서 벗어난 문제가 닥칠 때는 잠시 '습관화된 결정'에서 빠져나온다. 하지만 일과 관련된 나날의 결정들은 대개 습관에서 비롯된다.

경제와 시장에 관한 견해 역시 습관적으로 변한다. 끊임없이 새로운 아이디어와 역사적 지식을 통해 머리에 새로운 활력을 불어넣지 않는다면 말이다.

사람들은 인생의 초기에 정신적인 그리고 육체적인 습관을 얻는다. 이런 습관은 대개 고착된다. 여기 이곳 버몬트에서는 "사람들이 나름대로는 다 술주정뱅이다"라는 얘기도 있다.

예컨대 1930년대 교육을 받고 사회에 진출한 사람들과 1920년대나 그 이전에 자란 사람들의 사고 습관을 비교해보라. 1930년대에 수많은 젊은이들은 공황기와 뉴딜 정책에 영향을 받았다. 그 결과, 우울한 사고 습관을 기른 사람들과 번영과 개인주의의 시대에서 성장한 사람들 사이에서는 공통분모를 찾기가 힘들게 되었다.

윌리엄 제임스는 그의 유명한 에세이 「습관(Habit)」에서 "자주 반복된 정신 작용은 영속화되는 경향이 있다는 보편적으로 인정되는 사실"을 강조했다, "따라서 우리는 습관적으로 생각하거나 느끼거나 하는 것들을 비슷한 상황에서 기계적으로 생각하거나 느끼거나 하게 된다. 이런 때는 어떤 목적을 의식하지도 않고 어떤 결과를 기대하지도 않는다. …… 즉각적인 연상의 힘이 강력하다는 것은 너무나 보편적으로 받아들여지고 있기 때문에, 속담으로까지 만들어졌을 정도다……."

습관은 우리의 정신을 틀에 집어넣는다. 이런 틀에 빠져나오기 위해서는 많은 시간과 힘이 든다. 따라서 (역발상적 사고를 위해) 군중 행동에 대해 생각할 때는, 군중의 사고 습관뿐만 아니라 우리의 사고 습관까지 고려해야 한다! 이런 '틀에 박힌 사고'는 경제와 정치, 주식 시장에서도 널리 퍼져 있다.

4장

인플레이션의 심리학

The Art of Contrary Thinking

　　　　　　　　프랭크 파커 스톡브리지는 자신이 쓴 작은 책(오래전에 절판된)에서 역사상 최초의 인플레이션에 대해 언급했다. 최초의 인플레이션은 무려 25세기 전에 기록되었고, 그 후로 수많은 인플레이션이 있었다. 결과가 대개 비극적이었다는 사실만 뺀다면, 매번 통치 기구든 독재자든(여러분도 당연히 알겠지만, 역사적으로 자유주의적 통치 기구보다는 독재자가 훨씬 더 많았다) 원인을 치유하는 건전한 방법보다는 손쉬운 방법을 택해 인플레이션을 잡으려 했다.

　　역사상 최초의 인플레이션은 다음과 같다. 기원전 594년 아테네 최고 권력자의 자리에 오른 솔론은 부채 탕감과 국부의 재분배에 관한 계획을 발표했다. 그리고 그 뒤 다른 통치 기구들은 2,500년 이상 이와 비슷한 패턴을 따랐다.

　　스톡브리지는 그리스인들이 인플레이션의 치유책에 대한 이름도 만들었다고 했다. 솔론은 자신의 계획을 '세이삭테이아(seisachtheia)'라고 불렀다고 한다. 이것은 '부채 탕감'

이라는 뜻이다. 흥미롭게도 최근의 정치 슬로건을 생각나게 하는 말이다. 솔론이 세이삭테이아를 실행에 옮기기 위해 택한 수단 역시 우리에게 익숙하다. 그는 통화의 가치를 줄이고 농민들의 부채를 탕감해주었다.

역사에서 다양한 인플레이션들을 추적하면서 '시간 요소'가 어떻게 변화되었는지 살펴보는 것은 흥미로운 일이다. 인플레이션이 발생하는 데 – 불이 붙는 데 – 걸리는 시간 때문에 인플레이션은 각기 다를 수밖에 없다.

인플레이션의 심리학이 경제적 요인만큼 중요하다는 것은 분명하다. 루스벨트 전 대통령이 금본위제를 폐지하고 매일 아침마다 달라지는 금값과 함께 새로운 실험에 나선 것은 1930년대 초였다. 이때 인쇄기가 신나게 돌아가며 인플레이션과 관련된 책과 팸플릿을 쏟아내기 시작했다. 인플레이션이 곧 우리를 집어삼킬 것이라는 경고는 끊임없이 계속되었다. 하지만 대중 사이에서는 그와 반대되는 심리가 퍼져나갔다.

대중은 겁을 주는 경고에는 거의 주의를 기울이지 않고 달러에 대한 굳은 신뢰를 나타내며 평소와 다름없이 생활했다. 달러가 더 이상 금 가치에 고정되어 있지 않다는 사실이 보통 사람들에게는 별다른 의미가 없었다. 그들 주머니에 있는 달러 지폐는 아무것도 달라진 게 없었다. 사람들은 주머니에 있는 돈 외에는 아무것도 관심을 두지 않았다. 그 결과, 끔찍한 인플레이션은 없었다. 별다른 상황은 없었고, 통화 회전율은 그대로였다. 인플레이션은 일어나지 않았다.

약 15년 후 달러에 대한 불안과 의혹이 대중의 마음속에 자리 잡기 시작했고, 이와 동시에 인플레이션의 근원 – 통화 정책 – 이 비난을 받았다. 그 결과, 경제적 요인과 심리 사이에 갈등이 생겼다. 당시(1951년 3월)는 경제적 요인이 우세하여, 인플레이션이 억제되리라고 생각하는 것이 올바른 역발상적 사고였다.

인플레이션 문제는 여전히 우리 미국의 중요한 문제다. 왜냐하면 인플레이션의 관리는 미래의 통화 정책과 정부의 예산 관리에 달려 있기 때문이다.

5장

대중의 견해가 존재하지 않을 때

The Art of Contrary Thinking

대중이 아무런 견해를 가지고 있지 않을 때 역발상을 어떻게 활용해야 할까? 또는 대중이 그다지 관심을 보이지 않는 문제나 경제적 요소에는 어떻게 역발상을 활용해야 할까? 이 말은 이상하게 들릴 수 있다. 견해가 존재하지 않는데 어떻게 그와 반대되는 견해를 생각해낸단 말인가?

요지는 이렇다. 우리는 역발상을 통해 추세를 예측하려 한다. 단순히 여러 견해에 관한 학문적 탐구에 머물고자 하는 것은 아니다. 따라서 어떤 경제적 요소가 추세에 영향을 미치지만 대중의 관심을 끌지 못하는 경우, 우리는 그래도 이런 문제를 고려해보아야 한다. 왜냐하면 대중은 그로 인한 결과에는 반응을 할 것이기 때문이다.

영향력은 크지만 대중은 별 관심을 보이지 않는 문제로는 돈, 신용, 금융 문제가 있다. 돈, 신용, 금융 문제에 대해서는 책장을 한가득 채울 만한 관련 서적들이 있지만, 여전히 복잡하고 이해하기 어려운 문제로 남아 있다. 리카르도에서부터 케인스까지, 존 로에서부터 어빙 피셔와 섬너 슬리처까지, 통화의 가치를 줄이려는 사람에서부터 이자율을 고정해야 한다고 주장하는 사람 그리고 통화량으로 요술을 부리려는 사람까지 다양한 이론을 제시해왔다.

통화 경제의 복잡한 문제들을 학문적으로 연구하지 않은 우리들은 간단한 법칙들을 지침으로 삼아야 한다. 그 법칙들은 이해하기 쉽지만, 심오하지 않다는 이유로 전문가들에게 무시되고 있는 법칙들이다. 예컨대 다음과 같다.

공급을 제한하면, 돈이 마르고 귀해진다.
공급을 증가하면, 돈이 넘치고 값싸진다.

이렇게 얘기할 수도 있다.

돈이 싸면 물건이 비싸진다. 이것이 인플레이션이다.
돈이 비싸면 물건이 싸진다. 이것이 디플레이션이다.

물론 우리는 생산, 시중 통화량의 속도, 고용률(구매력) 같은 요소도 고려해야 한다. 하지만 기본적으로는 돈이 가격 수준의 토대다.

우리는 '통화의 안개'에 둘러싸여 있기 때문에 머리를 낮추고 고속도로의 흰 중앙선을 주시해야 한다. 그러면 몇 가지 불분명한 추측을 놓칠 수 있겠지만, 방향 감각을 완전히 잃지는 않을 것이다.

통화 위기 때 역발상적 사고를 활용하면 우리는 기본적인 사실에 근거하여 냉소적인 질문을 던져볼 수 있다. 통화 관리자들과 통화주의자들은 무슨 생각을 하고 있는가? 그들의 조치에는 어떤 저의가 있는가? 그들이 날을 갈 만한 도끼는 무엇인가? 그들의 조치는 실험적인 것인가(예컨대 하루가 다르게 금값을 인상시키는 일 따위) 아니면 역사적 추론에 근거한 것인가? 통화 관리자들의 관점은 장기적인가 단기적인가?

마지막으로, 과거의 사실에 근거하여 판단해볼 때 우리는 통화 계획에 따라 행동해야 할 것인가 아니면 역발상적 사고에 따라 행동해야 할 것인가? 대중은 앞으로 어떻게 반응할 것인가?

6장
소수에 대한 모방

The Art of Contrary Thinking

흔히 잘못 생각하는 한 가지는 다수가 사회적, 경제적, 종교적, 삶의 패턴과 추세를 결정한다는 것이다. 하지만 역사는 정반대의 사실을 말해주고 있다. 다수는 소수를 추종하거나 모방하고, 이에 따라 장기적 발전과 사회·경제적 진화가 진행된다.

만약 가브리엘 타르드의 예리하고 흥미진진한 책 『모방의 법칙(The Laws of Imitation)』을 찾을 수만 있다면, 어떤 수단을 쓰든 그 책을 손에 넣어라. 여러분은 그 책에서 역발상의 법칙에 관해 생각해볼 수 있는 완전히 새로운 영역을 발견할 것이다.

컬럼비아 대학교 사회학 교수 프랭클린 H. 기딩스가 쓴 서문을 보면, 다음과 같은 이야기를 들을 수 있다.

일찍부터 그(타르드)의 관심을 끈 현상 중 한 가지는 모방이었다. 그는 법관으로 일하는 동안 모방이 범죄 행위에서 큰 역할을 하는 것을 목격했다. 열정적인 정신의 소유자였던 타르드는 역사의 장을 샅샅이 살폈고, 서구 문명의 행적을 쫓았으며, 언어의 발전과 예술, 법, 제도의 진화를 연구했다. 좋게 평가하든 나쁘게 평가하든 모방이 인간의 모든 사건에서 항상 존재하는 요소였음을 보여주는 증거는 압도적이었다. 철학적 정신의 소유자에게 그 의미는 명백했다. 철저히 연구해볼 가치가 있는 모방의 심리학적 혹은 사회학적 법칙이 분명히 존재한다는 것이었다.

모든 사람은 셀 수 없이 많은 형태로 모방을 목격한다. 할리우드는 영화의 등장 후 모방과 추종의 대상이 되어왔다. 사회주의적 뉴딜 정책이 등장하기 전까지는, 젊은이들은 요람에서부터 커서 대통령이 되라는 말을 듣고 자랐다. 요즘의 노인들이 성장기 때 읽었던 호레이쇼 앨저 2세의 많은 책은 구두닦이와 신문팔이 소년들은 근사한 저택을 꿈꾼다는 것을 보여주었다. 주식 시장에서도 모방은 흔한 것이다.

타르드의 미래 예측 또한 눈여겨볼 만하다. 그는 이렇게 말했다. "조절의 세기가 지난 발견의 세기(19세기) 뒤를 따르리라고 신중히 예상해볼 수 있다." 타르드의 말에 따르면, 창조와 모방은 기본적인 사회적 행위다. 또한 이런 행위는 신념과 욕망으로부터 자극을 받는다. 따라서 "창조 그리고 그 뒤의 모방이 신념 그리고 욕망과 합쳐질 때" 강력한 사회적·경제적 영향력이 된다.

우리에게 주어진 지면이 겨우 여러분의 호기심을 자극하는 정도밖에는 허용되지 않지만, 어쨌든 여러분이 타르드에 더 큰 관심을 가질 수 있도록 다음 글을 덧붙인다.

"그럼에도 불구하고 신념과 욕망에 단순한 감정과 구분되는 독특한 특징이 있다는 것은 사실이다. 그 둘을 동시에 경험한 모든 사람들에게서 보듯, 상호적 전염을 통해 신념과 욕망이 더욱 강화된다는 특징이다. …… 우리는 더 이상 후회라는 유행병에 시달리지 않는다. 하지만 현재는 사치라는 유행병이, 그리고 도박, 복권, 주식 투기, 대규모 철도 사업, 또 헤겔주의, 다원주의 등의 유행병이 만연해 있다." (오늘날이라면 그는 분명 공산주의와 사회주의도 거론했을 것이다.)

7장

꼭 알아두어야 할 사실

The Art of Contrary Thinking

시어도어 E. 버튼(나중에 유명한 상원의원이 되는)은 약 50년 전에 탁월한 식견을 담은 책을 썼다.[15] 안타깝게도 이 책은 현재 절판되어 있으며 중고 서점에서도 찾기가 힘들다. 이 책은 꼭 재간되어야 한다. 1902년 처음 출간된 이 책은 그 뒤 오랫동안 판을 거듭했다. 만약 이 책을 어디선가 찾는다면, 어떻게든 구입해서 책장에 꽂아두기 바란다.

버튼은 많은 역발상적 사고의 예를 보여주고, 다양한 인용을 제시했다. 여러분도 그 책을 보면 두세 가지 문구를 공책에 적어두고 싶을 것이다. 예컨대 머리말에서 버튼은 유명한 프랑스 경제학자 클레망 쥐글라의 말을 인용하고 있다. 쥐글라는 『상업 위기(Des Crises Commerciales)』에서 이렇게 말했다. "역설적으로 보이지만, 국가의 부는 국가가 체험하는 위기의 강도로 가늠할 수 있다."

---

15) 『금융 위기와 산업 및 상업 침체의 시기(*Financial Crises and Periods of Industrial and Commercial Depressions*)』.

헤아릴 수 없이 많은 사람들이 미국의 자본주의 체제가 불황의 늪에서 붕괴될 것이라는 착각에 빠져 있는 것을 생각해보면, 쥐글라의 얘기는 시사하는 바가 크다. 버튼은 이렇게 말했다. "(호황과 불황의 반복으로 일어나는) 이런 (경제적) 교란으로부터 가장 큰 고통을 당하는 것 같은 나라들이야말로 부와 물질적 번영의 증가가 가장 컸다."

이 책에는 우리가 가장 자주 인용하는 문구도 있다. "투자를 할 때 단순히 다른 사람이 하는 대로 따라하는 것은 바보 같은 짓이다. 그러면 너무 많은 사람들이 똑같은 일을 할 게 거의 분명하기 때문이다." 이 말은 윌리엄 스탠리 제번스가 75년 전에 『정치경제학 입문(Primer of Political Economy)』에 썼던 것이다. (역발상적 사고는 사실 새로운 것이 아니다!)

나는 무기 생산으로 생기는 자본 낭비에 대해 얘기한 적이 있는데, 버튼은 그 문제에 대해 다음과 같이 말했다.

사실을 말하자면, 전쟁으로 인한 낭비나 무분별한 기업의 낭비로 부가 소멸되거나 미래의 소비에 대비한 자본 단속으로 어떤 교란이 일어난다고 하더라도 어느 정도 시간이 되기 전까지는 그 때문에 위기나 불황이 발생하지는 않는다. …… 전쟁으로 인한 피폐 뒤 한동안은 엄청난 생산 활동이 지속된다. 비정상적인 수요로 인해 부족하게 된 물품을 생산하기 위해서다. 그 결과, 전쟁 동안이나 비정상적인 산업 활동의 시기와 그 후의 한동안은 실제 상황이 모호해진다. 일반적으로 실업률이 낮고 가격이 상승하고 투기가 유행하기 때문이다……. (제2차 세계대전 종전 후의 시기를 정확히 묘사하는 말이다. 하지만 우리는 전쟁이 끝나자마자 불황이 찾아올 것이라는 틀린 얘기를 들었었다.)

요즘 '통화량'에 관한 글이 쏟아져 나오고 있다. 그중에는 돈이 넘치는 상황이 경기 침체를 예고하고 있다는 주장도 있는데, 버튼의 다음과 같은 말은 무척 흥미롭다고 하겠다. "……역설적으로 들릴지 모르겠지만, 위기와 불황이 시작되는 시점은 통화든 자본이든 부족한 때보다 풍요로운 때에 더 많이 발견된다."

8장

집단의 의견을 거스르려면

The Art of Contrary Thinking

역발상의 기술에 대한 연구에 큰 도움이 되는 책 한 권은 이미 언급한 적이 있는 윌리엄 트로터의 『평화와 전쟁 시의 집단 본능』이다. 저자의 사회학 이론은 '군거성 인간' 혹은 우리 인간의 집단 본능에 근거하고 있다. 그는 이렇게 주장한다. "인간은 말 그대로 군거성 동물이다. 인간은 본질적으로 벌이나 개미, 양, 소, 말 만큼 무리 짓기를 좋아한다. …… 인간의 행동은 이런 주장에 논의의 여지가 없는 증거를 제공한다. 따라서 이것은 인간 사회의 복잡한 문제에 대한 탐구에 유용한 단서가 된다……."

여기서 문맥을 배제하는 위험을 무릅쓰고서, 잠시 트로터가 보다 분명한 군거성 특징에 대해 어떤 이야기를 하고 있는지 그의 글을 인용해보도록 하자.

1. 인간은 고독 – 정신적인 혹은 물리적인 – 을 참지 못하며 두려워한다. (나는 우리 모두가 이런 일반적인 특징을 인정하고 있

다고 생각한다. 대부분의 사람들은 혼자 있는 것을 싫어한다. 혼자 하루를 보내야 한다면, 우리 대부분은 한 시간도 안 되어 지루함을 느낄 것이다.)
2. 인간은 다른 어떤 영향력보다 집단의 목소리에 민감하다. (이것은 물론 '집단 추종'의 이론이다.)
3. 인간은 군중의 폭력 행동 때나 공황 때 군중의 열정에 쉽게 빠져든다. (경제적 공황 역시 이런 특징을 반영한다.)
4. 인간은 리더십에 대해 놀랄 만큼 수용적이다. (히틀러나 나폴레옹을 쉽게 생각할 테지만, 역사책에는 군중 리더십에 관한 얘기가 셀 수 없이 많이 나온다.)
5. 인간의 동료 관계는 집단의 일원으로 자신이 어떻게 인식되느냐에 달려 있다. (우리는 여기서 '인기 경쟁'의 심리적 이유를 발견한다. 또 현대의 인사 업무 그리고 '인간관계학'이라는 새로운 학문과도 만난다.)

역발상적 사고 습관은 우리에게 자기 자신의 자원을 개발하라고 가르친다 - 그리고 때때로 혼자가 되라고 가르친다. 그것은 충분히 가치 있는 일이다. 왜냐하면 혼자 있을 경우에는 어떤 주어진 문제에 대해 다른 사람들의 말을 그대로 받아들이는 대신 실제로 스스로 생각하는 습관이 길러지기 때문이다. (어떤 작가는 이렇게 말했다. "한 주제에 대해 철저히 생각하지 못하는 사람은 생각과는 인연이 없는 사람이다.") 생각하는 법을 배울 수 있다면, 우리는 정말로 '소수'의 일원이 될 수 있을 것이다! 생각의 능력을 기르는 한 가지 방법은 먼저 널리 받아들여지는 어떤 견해를 하나 선택하여 그에 대한 가능한 모든 '반론'이나 '대안'을 생각해보는 것이다. 나는 이를 '반추(되새김질)'라고 부른다.

9장

역발상을 **과대평가**해서는 안 된다!

The Art of Contrary Thinking

'역발상이란 대체 무엇인가?' 하는 질문은 어디서든 끊임없이 튀어나온다. 이 질문에 한마디로 대답할 수 있다. 역발상은 생각의 '방법'이다. 하지만 이를 과대평가해서는 안 된다. 역발상의 법칙을 과신하지 말라. 역발상의 법칙은 경륜장이나 주식 시장에서 매번 큰돈을 벌어다줄 수 있는 체계적인 법칙 같은 것이 아니다. 이것은 점쟁이의 수정 구슬도 아니며, 배움에 관한 교과서들이 충고하듯이 단순히 모든 문제의 양면을 들여다보도록 하는 방법일 뿐이다. 아니면 프랜시스 베이컨 경이 말했듯이 "믿기 전에 모든 것을 의심"하도록 배우는 방법이라 하겠다.

문제의 양면을 들여다보기 위해 노력하는 사람은 극히 드물다. 사실 문제의 한 면이나마 제대로 보려고 노력하는 사람도 드물다. 따라서 이따금 머리를 쓰는 소수에 속한다면 매우 유리할 게 분명하다. 내 말이 우습게 들릴지 모르지만, 이 책은 여러분을 웃기려고 쓴 책이 아니다. 대다수 사람들은 – 성급히 읽거나 한 귀로 흘려들은 것을 통해 – 간접적으로 정보를 얻고 견해를 형성한다.

이와 관련하여 정말로 학식이 풍부한 어떤 사람의 말을 인용해보자. 앨버트 제이 노크는 『과잉인 남자의 회고록(Memoirs of a Superfluous Man)』에서 보통 교육을 신랄하게 비판했다.[16] 비록 교육의 실패가 제도보다는 학생들 탓이라고 생각하기는 했지만 말이다.

우리의 제도는 보편적인 초등 교육이 시민들을 총명하게 한다는 건전한 이념 아래 설립되었다. 하지만 그 이념이 현실화되지 않은 것은 분명하다. 우리 시민의 보편적인 지적 수준은 제도 설립 당시와 변함이 없다. 제도의 설립자들은 …… 지적 발달이 정지되는 나이가 12세에서 13세 사이라는 사실을 알지도 못했고, 알 수도 없었다. 당시는 그 사실이 아직 밝혀지지 않은 때였기 때문이다.

하지만 노크는 곧이어 – 이제부터 역발상적 사고와의 관련성을 볼 수 있는데 – 우리의 교육 제도의 긍정적 결과에 대해 얘기했다. "보편적인 지적 수준을 높이는 데는 아무것

---

16) 그가 쓴 『우리의 적, 국가(Our Enemy The State)』와 『앨버트 제이 노크의 편지(Letters from Albert Jay Nock)』도 읽어보기 바란다.

도 하지 못했다고 해도, 우리 시민들을 좀 더 속기 쉬운 대중으로 만드는 데는 성공했다. 우리의 교육 제도는 호모 사피엔스의 속기 쉬운 성향을 인쇄된 글에 강하게 고착시켰고, 조야한 권위나 물신주의적 정신에 대한 신뢰를 우리에게 심어주었다. 그 결과는 습관적으로 신문을 보는 사람들에게서 잘 볼 수 있다." 교과서에서 읽는 것이나 선생님이 말하는 것을 믿도록 배웠기 때문에, 우리는 우리 자신이 갖고 있는 지적 능력을 활용하기보다는 '생각 없는 순종'의 습관을 기르게 되었다.

이로써 호모 사피엔스('지혜가 있는 사람'이라고 번역될 테지만)는, 노크가 말했듯이 "어떤 해로운 허튼소리라도 권위의 외피만 두르고 있으면" 쉽게 믿어버린다.

따라서 대중이 '생각하지 않는' 습관에서 벗어나 올바른 판단을 통해 결론에 도달하기 위해서는 역발상적 사고가 필요하다. 그래야 여러분은 '게임에서 이길' 수 있다. 하지만 여러분이 스스로 이겨야 하는 것이지, 역발상의 법칙이 이겨주는 것은 아니다. 역발상의 법칙은 단순히 사고의 한 가지 '방법' – 결론에 도달하는 '방법' – 일 뿐이다.

10장

우연적인 사고(思考)

The Art of Contrary Thinking

불안과 혼란의 시대 – 최근의 몇 년 그리고 예상컨대 가까운 미래 역시 – 에는 사고와 계획의 대부분이 우연적이다. 순간순간의 예측으로 아슬아슬하게 적의 포격을 피해 비행했던 제1차 세계대전 비행사들을 생각해보라.

일상의 업무처럼 국내 및 국외 정책들은 장기 계획보다는 점점 더 단기적인 사건들에 의해 – 우연에 따라 – 결정된다. 제임스 포레스털의 『일기(Diaries)』에 나오는 다음의 인용문은 이런 장기와 단기에 관한 짤막한 고찰들을 보여주고 있다.

1945년 6월 6일. 오늘날 세계에서 전개되는 상황은 그 어느 때보다 놀랍다. 굳건하고 명확한 정신으로 사건들을 파악하지 않으면, 정책은 대개 사건들에 의해 결정된다. 충분히 굳건하고 충분히 명확해야 사건들에 휩쓸리지 않고 정책을 결정할 수 있는 것이다. (뒤에 나오는 '짐수레를 말 앞에 두라' 라는 글을 보라.)

내 주장은 역발상의 법칙이 우연적인 사고와 계획의 문제에 도움을 줄 수 있다는 것이다. 나는 어떤 중요한 예측이 알려졌을 때 우리가 스스로에게 질문을 해보는 습관을 기를 수 있다고 생각한다. 예컨대 이런 질문이다. "이건 단기 변동에 맞는 것일까? 아니면 장기 변동에 적용되는 것일까?"

다른 말로 하자면, 우리는 사건뿐만 아니라 시간에 대해서도 역발상적 사고를 할 수 있다는 것이다. 일반적으로 받아들여지는 어떤 견해는 예컨대 먼 미래에는 맞을지 모르지만, 역발상적 사고로 조사를 해보았을 때 가까운 장래에는 틀릴 가능성이 클 때도 있다.

이와 반대로 앞으로 일어날지 모를 미지의 요소 때문에 건전한 장기적 예측을 허용하지 않는 판단들도 있다. 문득 한 가지 생각이 떠오른다. 오래전 일도 아닌데, 한때 미국이 '경제적 성숙'에 다다랐다는 견해가 널리 받아들여졌다. 미국 경제가 완전히 성숙하여 과소 소비가 영구화되고 실업이 일상화되리라는 얘기만이 들려왔던 때를 기억하는가? 한 2년 전에는 인플레이션이 일어나면서 번영이 계속될 것이고 정부가 돈을 쏟아부어 방어하는 동안 경기 침체는 없을 것이라는 얘기를 들었을 것이다. 하지만 1953년에는 모든 사람이 다시 불경기에 대해 얘기하고 있었다.

역발상이 우리에게 도움이 되는 또 한 가지는 현재로 미래를 판단하는 값비싼 습관을 버리도록 해준다는 것이다. 우리는 오늘 날씨가 화창하고 따뜻하면 내일 역시 화창하고 따뜻할 것이라고 생각하는 경향이 있다. 기억할 테지만, 1929년이 그랬다. 우리는 그때 보통주들이 만들어놓은 '영구적인 가격의 고원' 위에 자리를 잡고 앉아 있었다. 주가 상승은 오랫동안 지속되어왔다. 그것은 영원할 것 같았다. '새 시대'에 대한 생각 역시 밤에 무슨 일이 벌어질지 모르면서 오늘을 보며 내일을 판단하는 잘못에서 비롯된 것이다.

11장
짐수레를 말 앞에 두라

The Art of Contrary Thinking

나는(고 제임스 포레스털 역시 마찬가지일 테지만) 오늘날의 세계 위기에서는 '사건이 인간의 행위를 지배'하며 나아가 (다소 냉소적이기는 하지만) 인간의 정신이 제대로 대응하기에는 세계적 사건들이 너무 커졌다고 믿는다. 이 주장에 일말의 진실이라도 담겨 있다고 한다면, 이런 문제는 역발상적 사고로 접근해야 할 것이다.

위기 때는 언제나 사건들이 인간의 행위를 지배한다는 것은 쉽게 증명된다. 여기서는 몇 가지 위기를 조사하기보다는, 한 위대한 인물이 또 다른 국가적 위기 때에 무슨 말을 했는지 소개하고자 한다. 1864년 4월 4일, 링컨 대통령은 A. G. 호지스에게 보내는 편지에서 노예 제도에 관한 자신의 입장을 설명했다. 그는 편지 말미에 다음과 같이 덧붙였다. "나 자신의 판단을 두고 자화자찬할 생각은 없소. 나는 내가 사건들을 지배했다고 주장하지 않아요. 오히려 사건들이 나를 지배했다고 솔직히 고백하오. 이제 3년간의 갈등이 끝나려 하는 때에 나라를 보면, 어떤 당도 어떤 사람도 예상했거나 기대했던 상황은 아닌 것 같소……."

역사적 관점이라는 높은 곳에서 과거를 되돌아볼 때, 비록 사건들을 지배하지는 못했다고 해도 링컨 대통령에게는 사건과 상황들이 발생하고 전개되는 동안 이에 대처할 만한 지적 능력과 도덕적 인내심이 있었다는 것은 널리 인정되는 사실이다.

오늘날 인간의 정신이 더 이상 사건의 힘과 겨룰 수 없다는 것은 분명 하나의 견해일 뿐이지만, 어쨌든 사건들은 계속하여 발생하고 전개된다. 따라서 국가의 지도자들은 최선을 다해 사건들에 대처해야 하고, 아니면 적어도 자신에게 가장 유리한 방식으로 대처해야 한다.

세계의 정치가 정치 지도자들의 사고를 이끄는 만큼, 사건들을 파악하거나 이에 대응하는 방법은 해당 국가의 지도자가 달성하고 싶어 하는 목표에 따라 바뀔 수 있다. 따라서 현실적으로 보자면, 어떤 접근법이 한 나라에는 유리할 수 있는 반면 다른 나라에는 해가 될 수 있다.

이런 복잡다단한 상황에서 역발상의 법칙이 도움이 될 수 있을까? 나는 우리가 짐수레를 말 앞에 두는 것처럼 사고를 완전히 전환해야 한다고 생각한다. 우리는 사람(결정을 내리는 지도자) 앞에 사건을 두어야 한다. 우리는 우리를 이끄는 사람을 짐수레를 끄는 말로 생각한다. 하지만 실제로 사건은 지도자를 이끌고 지도자는 그 뒤를 좇는다. 따라서 사건을 먼저 생각하고 사건에 대해 분석한다면(지도자가 사건에 어떻게 대응하든 상관없이), 인물의 성격에 물들지 않은 사실 그대로를 볼 수 있을 것이다.

사건들이 혼란스럽게 연속적으로 이어질지도 모른다. 사건이 일어나기 전에는 어쨌든 지도자의 판단이 어떨지 알 수 없고 예상할 수도 없다. 우리는 흐루시초프와 몰로토프가 무엇을 할지 두려워한다. 처칠이나 이승만이나 마오쩌둥, 아이젠하워, 혹은 프랑스나 이탈리아의 지도자가 무엇을 할지 혹은 무엇을 말할지 모르기는 마찬가지다. 사건이 행동을 지배하는 것이다.

12장

보편적 불평등의 법칙

The Art of Contrary Thinking

사회에 거짓을 퍼뜨리는 자들이 해악적인 선전으로 모든 사람들이 완전히 평등해질 수 있다고 믿게 만들려 하면, 우리 역발상적 현실주의자들은 파레토의 보편적 불평등의 법칙에 기대야 한다.

빌프레도 파레토(1848~1923년)는 파리에서 이탈리아인으로 태어난 뛰어난 엔지니어였다. 그가 발견한 '소득 분포'는 파레토의 법칙으로 알려지게 되었고, 이 법칙을 표현한 그래프는 파레토 곡선으로 알려지게 되었다.

칼 스나이더에 따르면, 파레토의 법칙은 이런 것이다. "상대적으로 소수인 사람들이 더 많은 소득을 차지할수록 많은 소득을 차지한 사람의 수는 더 많아지며, 소득이 감소하면 이처럼 감소한 소득을 받는 사람의 수는 매우 부드러운 곡선을 그리며 증가한다."

"로그로 다양한 수준의 소득과 각 수준의 소득을 받는 사람의 수를 나타내어 곡선을 그리면, 이렇게 그린 '곡선'은 직선이 된다(곡선의 극단에서 사소한 불일치가 나타나기는 하지만)."

파레토의 법칙에서 중요한 것은 무엇인가? 여러분은 자기 자신에게 그렇게 물어볼지 모른다. 모든 사람들이 부자보다 가난한 사람이 수백만 명이나 많다는 것은 잘 알고 있다.

파레토의 법칙에서 중요한 기본 개념은 부유한 계층이 가장 많은 나라는 또한 모든 인구의 생활수준이 가장 높다는 것이다. 미국과 중국을 비교해 생각해보면, 이 개념을 쉽게 이해할 것이다.

게다가 상위 집단의 수입이 오랫동안 감소하면 바닥까지 이르는 모든 집단의 수입이 감소한다. 고소득 집단의 규모 축소가 그 아래 집단의 생활수준을 떨어뜨리는 원인이 된다고 말하는 게 맞을 것이다. [일시적인 중세(重稅)로 인한 단기 소득 감소는 고려되지 않는다.]

따라서 사회 실험가들이 여러분에게 소득의 평등에 대해 떠든다면, 파레토의 법칙을 생각하고 소득이 평준화된다면 하향 평준화될 것임을 증명해 보여주라. 나아가 시간이 지나면 생활수준이 부자가 상대적으로 적은 나라의 수준으로 떨어질 것임을 알려주라.

일반적인 복지는 많아진 부자들의 식탁에서 떨어지는 많아진 빵부스러기에서 비롯된다. 식탁을 치우고 모든 사람이 함께 여물통에서 식사를 한다고 복지가 좋아지는 게 아니다.

이제 칼 스나이더에 관해 말해보자. 그는 오랫동안 뉴욕 연방준비은행의 경제 통계학자로 일했고, 경제 문제에 관한 뛰어난 저술가이자 사상가이다. 경제학에 관한 그의 공헌은 주목할 만하다. 그의 대표작은 예리하지만 유쾌한 『창조자 자본주의(Capitalism the Creator)』라는 책이다. 그의 책은 새로운 주의(主義)와 망상에 빠진 모든 학생들이 정신을 차리고 또 편안한 잠을 자기 위해 항상 머리맡에 두어야 할 책이다. 그의 책 중 파레토에 관한 장은 많은 것을 가르쳐주며, 파레토의 발견을 입증하는 통계적 사실들을 설명하고 있다.

13장
선전

The Art of Contrary Thinking

국제적 긴장이 지속되는 한, 우리는 더욱 더 많은 '선전' 뉴스를 접하게 될 것이다. 이런 선전 뉴스의 늪에 빠져 익사하지 않으려면, 손을 뻗어 역발상적 사고의 가지를 붙잡아야 한다.

선전 '장치'를 간단히 조사해본다고 치자. 내 생각에는 이때도 미국인과 러시아인이 완전히 다를 것 같다. 선전의 활용에 대해 어느 정도 이해에 도달하려면, 우리는 먼저 러시아가 무엇을 원하고 서구 국가가 무엇을 원하는지 판단해야 한다.

1. 우선 러시아에 대해 생각해보자.
    a. 러시아는 자국의 시민을 조종하고 대중 반란을 막기 위해 위기를 필요로 한다.
    b. 계속되는 위기가 없다면 러시아가 붕괴할 것이라고 예상하는 게 맞을 것이다. 왜냐하면 독재 국가에는 국민을 통치할 구실이 있어야 하기 때문이다.

2. 이제 미국 쪽을 보자.
   a. 미국은 붕괴를 피하기 위해 위기를 제거하고자 한다.
   b. 서구 국가들은 큰 전쟁이 일어날까봐 몹시도 걱정하고 있다.
   c. 위기가 너무 길게 지속되면, 서구 국가들은 붕괴에 직면할 것이다. (영국, 프랑스, 그리고 다른 국가들은 이미 밧줄 끝에 와 있다. 빨리 밑에다 푹신한 깔개를 갖다놓아야 한다.)

러시아에서는 선전이 서구 국가들과 상당히 다른 방식으로 활용되리라는 것을 알 수 있을 것이다.

클라이드 R. 밀러는 그의 책 『설득의 과정(The Process of Persuasion)』에서 사상 또는 신념의 수락 또는 거절을 강요하기 위한 '4가지 간단한 장치'를 소개했다.

1. 수락 또는 '미덕' 장치: '좋은' 말과 상징, 행동과의 연결을 통해 …… 우리가 사상 또는 신념을 받아들이도록 고안됨.
2. 거절 또는 '독약' 장치: '나쁜' 말과 상징, 행동과의 연결을 통해 …… 우리가 사상 또는 신념을 거절하도록 고안됨.
3. 칭찬 장치: '좋은가' 혹은 '나쁜가'에 따라 받아들이거나 거절함.
4. '집단' 장치: 집단의 압력이나 대중 감정 또는 행동을 통해 …… 우리가 사상 또는 신념을 받아들이거나 거절하도록 함.

예컨대 군비 축소 제안을 보면, 우리 미국이 채택한 '미덕' 장치는 물론 '평화'라는 좋은 개념이다. 1951~1952년 트루먼과 애치슨의 제안에 대한 비신스키의 비난은 '독약'(그리고 조롱) 장치를 극한까지 밀어붙인 것이었다. 비신스키가 기회가 있을 때마다 서구 강대국들에게 (반복하여) 사용한 '나쁜' 말은 '전쟁광'이라는 말이었다. 하지만 평화에 반대하는 것처럼 보이고 싶지 않았던 러시아의 외무장관은, 여러분도 틀림없이 기억하겠지만 4강 회담을 역제안했다.

1953년 8월 있었던 말렌코프의 수소 폭탄 연설까지 러시아의 선전 패턴은 이중적이었다. 모든 세계적 문제에서는 평화적 해결책을 제시하면서 미국의 전쟁 철학을 문제 삼았던 것이다.

이렇게 간략하게나마 선전술을 알아봄으로써 여러분도 선전을 꿰뚫어보는 데 역발상적 사고가 큰 도움이 되는 것을 알았으리라 생각한다.

14장

현실주의: 새해의 역발상적 도전

The Art of Contrary Thinking

이 글은 12월에 썼다. 성탄절이 끝나고, 이제 우리 미국인은 부엌에 새 달력을 걸어놓고 새해에는 어떤 일이 벌어질까 생각해보고 있다. 원래의 달력을 치워버리는 일은 어딘가 자극적인 매력이 있다. 게으른 정신에는 새로운 시작이 좋다.

매해 마지막이면 우리는 이렇게 새해의 도전을 앞에 둔다. 좀더 현명하고, 통일성 있고, 확실한 역발상적 사고를 하도록 하자. 우리 모두는 역발상의 기술에 대해 배워야 할 것이 많다는 것을 알고 있다.

여러분은 최근에 다른 사람들의 글에서 역발상에 관한 언급을 많이 보았을지도 모른다. 그렇다면 내가 반복해서 말하는 역발상의 법칙에 관한 개념이 엉뚱한 얘기는 아니리라 생각할 것이다.

기본적으로 역발상의 효용은 객관적이고 현실적인 접근법에 있다. 역발상은 개인적 편견, 선입견, 바람, 소망적 사고, 결론으로의 도약, 대중 감정을 피할 수 있게 해준다. 현실주의는 새해 때마다 매번 다시 마음속에 다져야 할 사항이다.

역발상 법칙의 중요한 단점에 대해 말해보자. 경제에 관한 글에서 이전에 표현된 견해를 지지하는 습관만큼 흔한 것은 찾아보기 힘들다. 역발상적 사고에서 개인적 견해를 뒷받침하기 위해 반론을 억지로 제시하고 싶은 유혹은 매우 강력하다. 어떤 경제 추세에 대해 사전에 어떤 시각을 갖고 있으면, 단순히 확증을 위해 역발상적 사고에 기대는 경우가 흔하다. 정신적으로 대단히 훈련이 잘되어 있는 사람이 아니라면, 자신이 이미 내린 결론을 입증하기 위해 역발상적 사고들을 왜곡하는 데 힘을 쏟는 것이다.

자기 자신의 개인적 견해를 지지하는 습관은 버려야 한다! 예컨대 누군가가 경제 예측을 하고 조언을 할 때 자기 사견대로만 한다면, 그는 객관적인 평가나 판단을 할 수 없을 것이다.

나는 누구든 객관적인 조언을 하는 것은 심리적으로 불가능하다고 믿는다. 누구든 개인적이면서 동시에 비개인적일 수는 없는 것이다. 누군가 조언을 할 때, 그의 정신은 자연스럽게 객관적이고 현실적인 관점보다는 '희망'에 초점을 맞추게 된다.

다른 사람들의 예측과 조언, '편견'에 대해 다른 글들은 무수히 많지만 거기에는 생각의 여지가 많다. 따라서 여러분은 스스로 판단하고 결정을 내려야 한다. 최종적으로 모든 사람에게 최고의 조언자는 자기 자신이며, 모든 사람은 자기 자신의 결정에 책임을 져야 한다.

15장

경제학자는 어떻게 자신의 **예측**을 빗나가게 만드는가?

The Art of Contrary Thinking

어쩌면 여러분은 내가 다른 사람들의 예측에 너무 비판적이라고 생각할지 모르겠다. 내 일부 견해가 경제학자와 금융 전문가들의 공통된 예측 행위에 반대된다고 하더라도, 무엇보다 그들을 무작정 비난하려는 게 내 의도가 아님을 분명히 밝혀야겠다.

이 책임 있는 전문가 집단은 큰 존경을 받고 있다. 나 역시 그들의 논평과 분석을 주의 깊게 읽는다. 사실 나는 그들의 견해가 일반적으로 받아들여지는 수준 이상으로 그들의 글을 꼼꼼히 읽는다. 그들의 견해로부터 역발상적 사고를 끌어내기 위해서는 그래야 하는 것이다.

역발상적 사고는 경제 예측에 흥미로운 시각을 제시한다. 종종 자신의 예측을 빗나가게 만드는 경제 전문가의 영향력을 생각해보게 하는 것이다.

지난 20년 동안 전문 경제학자와 분석가의 활동 분야는 엄청나게 확대되었다. 오늘날 많은 기업들이 경제 예측 담당 부서를 가지고 있다. 몇 년 전까지만 해도 이것은 들어본적도 없는 일이었다. 예전의 산업가들과 경영자들은 이런 이론가들을 필요로 하지 않았다. 이 억센 남자들은 아무도 그들에게 자신들의 사업이나 미래에 대해 얘기해줄 수 없다고 생각했다. 그들은 맹세코 스스로 운명을 만들어나가려 했고, 실제로 그중 많은 수는 그렇게 했다!

 기업과 정부에서 경제학자들이 높은 지위를 차지하고 경제 자문 서비스 분야가 성장하고 잡지와 '회보'에 예상치와 통계자료들이 엄청나게 쏟아지면서, 인쇄물이나 라디오, 혹은 TV에서 언제든 정말로 수백 가지의 경제 예측을 찾을 수 있게 되었다.

 이상해 보일지 모르지만, 이런 예측과 분석은 대개 똑같아서 사람들이 함께 모여 서로 의견을 주고받는 과정을 통해 의견의 일치에 도달한 뒤 각자 예측과 분석을 발표하는 게 아닌가 의심이 들 정도다.

 어쨌든 상황을 보면 경제 전문가들의 예측은 사업가와 대중에게 막대한 영향력을 지니게 되었다. 신문이나 잡지를 펴든 사업가는 80명 혹은 200명의 경제 전문가들이 앞으로 무슨 일이 일어날 것인지 비슷하게 예측한 것을 보고 마음을 움직이기 마련이다.

 많은 사람들이 틀린 분석을 했다는 건 아니지만, 그들은 그들의 영향력 때문에 결국 틀리게 된다. 그들은 사업(그리고 대중)의 운영(행동)과 계획에 영향을 미쳐, 그들의 예측은 사실로 밝혀지지 못하는 것이다. 인플레이션이 심화될 것이라고 확신하면, 여러분은 불경기를 예상했을 때와 다른 식으로 재고와 은행 융자를 관리할 것이다. 일치된 예측에 따른 집단 행동은 종종 진자를 한쪽 방향의 끝으로 밀어붙인다. 따라서 그전에 예상하고 있던 타이밍과 모멘텀에 교란이 일어난다. 과도한 부하가 걸리면 기계가 망가지듯이, 과도한 부담(한쪽 방향으로 밀어붙이는 행동)은 경제를 어지럽힌다.

따라서 경제학자는 아무에게도 말하지 않았더라면 놀랄 만한 정확성으로 적중했을 자신의 예측이 빗나가는 상황을 볼지도 모른다.

16장

"뭐가 잘못된 거죠?" 대신 "뭐가 좋아진 거죠?"라고 물어라

The Art of Contrary Thinking

어떤 경제적인 혹은 정치적인 문제가 머릿속에 떠오르면, 우리 모두 "뭐가 잘못된 거죠?"라고 묻는 습성이 있다는 것을 아는가? 수많은 사례를 생각해볼 수 있다. 전체적인 사업 현황에 관해 얘기하고 싶을 경우, 사람들은 이렇게 물을 것이다. "그런데 오늘은 무슨 문제 없나요?" 주식 시장을 보면, 주식 중매인들은 매일 끊임없이 이렇게 묻는다. "대체 뭐가 잘못된 거죠?" 누군가 "시장에 뭐가 좋아진 걸까요?"라고 묻는 것을 본 적이 있는가?

하지만 경제 추세에 관해 생각하며 무엇이 좋아진 것인지 묻는다면, 여러분은 상황을 완전히 새로운 시각으로 볼 수 있을 것이라고 자신 있게 말할 수 있다. 그러면 여러분의 정신은 전과는 다른 경로를 통과하게 될 것이다. 이를 때때로 시도해보고, 종국에는 습관으로 삼기 바란다. 이것은 참으로 추천할 만한 역발상적 습관이라 할 것이다.

사회 경제적 문제에 대한 부정적인 접근법은 이제 하나의 고정관념이 되었다. 사람들은 심리학자들과 의사들이 말하는 '우울증'이나 걱정을 하는 병에 걸렸다. 그들은 국내나 국외의 거의 모든 문제를 생각하며 머릿속에서 "잘 되지 않을 거야", "잘 될 수가 없어"라는 말들을 한다. 문득 헨리 포드와 또 다른 자동차 발명가들이 조롱을 받던 마차 시대 때의 일이 생각난다.

내가 생각하는 것은 『당신의 수익을 살펴라(Watch Your Margin)』라는 책에 나오는, 올바른 생각을 하는 법에 관한 흥미로운 일화다. 소개해보자면, 어떤 영리한 투자가가 초기 2기통 엔진의 자동차에 타고 있었다. 자동차가 시속 15마일의 속도로 한바탕 신나게 달리고 난 뒤 그는 그 기계가 어떻게 그렇게 달릴 수 있는 거냐고 물었다. 가솔린 덕분이라는 말을 듣자, 그는 즉시 스탠더드 오일 사의 주식을 엄청나게 사들였다. 그는 스탠더드 오일 사가 가솔린을 계속 판매하면서 앞으로도 사업을 지속할 테지만, 초기의 많은 자동차 제조업체들은 중도에 낙오될 것임을 알았다. 그는 이렇게 자동차를 두고 무엇이 잘못될지 걱정하는 대신 무엇이 좋을지 생각하여 큰돈을 벌 수 있었던 것이다.

나는 우리가 균형 감각을 잃지 않은 상태에서 앞으로 10년을 무사히 보내고 싶다면 – 그리고 인생을 만족스럽게 향유하고 싶다면 – 고통을 줄이고 행복을 키워야 한다고 생각한다. 이런저런 문제에 대해 "무엇이 좋을까?"라고 묻기 시작하면, 우리는 실제로 사고방식 전체를 바꿀 수 있다.

  하나님은 우리가 현재의 가혹한 세금을 달가워하지 않는다는 것을 안다. 하지만 여러분이나 나나 고삐 풀린 인플레이션 말고는 뭐든, 심지어 무자비한 세금도 괜찮다고 생각한 것은 결코 오래전의 일이 아니다. 나도 세금이 지나치게 높은 상황이 발생할 수 있다는 데 분명 동의한다(경제 관점에서 보면 현재가 그렇다). 하지만 연구자들의 노력으로 세금이 어느 정도가 좋은 것인지 밝혀지면 문제는 해결될 것이다.

17장
대중 심리와 선거 운동

The Art of Contrary Thinking

누군가 대중 심리에 관한 책을 쓴다면, 대중 심리를 보여주는 사례로 1952년 공화당의 대통령 후보 경선을 소개해도 좋을 것이다. 여기에서는 군중 현혹에 관한 게임의 모든 규칙을 볼 수 있다. 어떤 후보는 주의를 끌기 위해 해머를 휘둘렀고, 또 다른 후보는 암시, 은유, 전염, 감화를 통한 정서적 호소력으로 입지를 넓혔다.

군중 심리의 연구자들은 보통의 투표자들이 후보나 연설에 관한 기본적인 사실에는 거의 주의를 기울이지 않는다는 것을 안다. 그들은 '느끼는 것'을 받아들인다. 암시와 전염의 힘은 대중의 머릿속에 이미지를 형성한다.

미스터리는 막강한 수단이다. "아무것도 말하지 말되 무엇이든 약속하라." 정치가를 위한 충고다. "그리고 무엇보다 투표자들을 설득하지 말라. 단언하되 설명하지 말라. 여러분이 그들을 위해 해줄 수 있는 것을 되풀이해서 말하되 논하지 말라."

1952년 초에 군중을 사로잡는 법칙은 아이젠하워 장군에게 기회를 주었다. 멀리 파리에서는 모두의 존경받는 우상이 되는 게 어렵지 않은 일이었다. 거칠고 사나운 선거전에서 멀리 떨어져 있으면서 그는 매력과 영광의 후광에 둘러싸여 있었다. 한편 이곳 본국에서는 그의 선거 운동 세력이 끊임없이 '리더십'이나 '인기'를 내세워 대중의 감정에 호소했다. 그들은 "아이크(아이젠하워의 애칭)만이 이길 수 있다"고 외쳤고, 논증을 피하는 대신 마음의 줄을 건드렸다. 태프트 상원의원은 곤경에 처했다.

"나는 아이크를 좋아해"라는 바보 같은 슬로건은 선전이 학교 아이들의 수준으로까지 내려갔다는 것을 보여준다. "나는 아이크를 좋아해. 그거면 됐지. 뭘 더 바라?" 선전은 잔인할 정도로 단순했지만, 그만큼 물리치기 어렵고, 전염성이 강했다.

그동안 태프트는 대중에게 모습을 드러내기 위해 끊임없이 애썼다. 한시도 쉴 수가 없었다. 언론의 지원이 전무했기 때문에(대부분 아이젠하워 쪽에 가 있었다), 그는 동분서주하며 스스로 지지를 촉구해야 했다. "태프트로는 이길 수 없다"는 반대 진영의 주장은 그가 싸워야 할 통렬한 슬로건이었다. (태프트에게 그보다 더 가혹한 공격은 없었다. 얼마나 영악하고 교활한 공격이었는가!)

아이젠하워가 미국으로 돌아왔을 때 공화당 대통령 후보

경선은 이런 상황이었다. 문제는 그가 대통령 후보로 지명되었을 때 선거에서 이길 수 있느냐 하는 것이었다. 그는 시합장에 나가게 될 테고, 그러면 대중은 그가 생각했던 이미지처럼 완벽한 사람이 아닌 것을 알게 될 것이다. 사람들은 양편으로 나누어질 것이고, 그의 일부 견해에 실망하는 사람도 생길 것이다. 당시 내가 썼듯이, 아이젠하워가 대중 심리학의 가르침을 따른다면 – 말을 적게 하고, 단언과 약속을 자주 반복하면 – 분명 스티븐슨을 물리칠 수 있었다. 하지만 그가 논증하고 이성에 호소하려 한다면, 똑똑한 민주당은 그에게 압승을 거둘 것이다. 민주당은 국민에게 아무것도 설명하지 않는 반면 모든 것을 약속한다. (나는 지금 뉴딜 때의 민주당을 얘기하는 것이다.) 그것이 대다수의 호의를 얻는 방법임은 분명하다. (142쪽의 ''군중 동요'는 아이젠하워에게 유리하다' 라는 글을 보라. 선거가 있기 바로 전에 쓴 글이다.)

18장

사회주의 심리

The Art of Contrary Thinking

왜 공산주의가 많은 사람들에게 호소력을 갖는가 하는 근본적인 질문을 보자면, 우선 사회 경제적 추세의 심리적 측면을 고찰해보는 게 좋을 것이다. 무엇보다 사회주의와 자본주의의 충돌은 마음과 정신, 소망과 논리, 감정에 대한 호소와 이성에 대한 호소 간의 경쟁이다.

감히 말하지만, 이 문제에 관한 한 귀스타브 르 봉의 『사회주의 심리』보다 더 훌륭한 책은 없다. 책은 1899년 출간되었다. 우리나라에서 잠시나마 국가 사회주의에 관심을 기울이기 훨씬 전의 일이다. 지금은 절판되었고 보기조차 힘든 이 책은 오늘자 신문만큼이나 현대적이다. 책에 있는 글을 얼마간 인용해보자. 서문(책이 44년 전에 출간되었다는 사실을 염두에 두길 바란다)에서 르 봉은 이렇게 말했다.

현대 사회주의의 심오한 영향력을 이해하려면, 그 이념을 조사해보아야 한다. …… 종교처럼(사회주의는 점점 더 종교의 외피를 갖추어가고 있다), 사회주의는 이성에 의지하지 않고 다른 방식으로 스스로를 선전한다. 사회주의는 이성적으로 설득하거나 경제적 논쟁에서 스스로를 변호하는 데는 지극히 취약하지만, 꿈, 단언, 터무니없는 약속의 영역에서는 극도로 강력한 모습을 보인다. …… 이처럼 종교적 형태를 취하는 신념의 거대한 힘은 그들의 선전에서 비롯되고, 그들의 선전은 얼마만큼 진실이나 거짓을 포함하고 있는지 여부에 전혀 영향 받지 않는다. 일단 신념이 사람들의 머릿속에 자리를 잡으면, 부조리는 더 이상 보이지 않는다. 이성은 그곳에 도달할 수 없다. 오로지 시간만이 신념을 해칠 수 있다…….

이제 뒤쪽으로 건너뛰어(415쪽), 르 봉이 말하는 '사회주의의 미래'에 대해 들어보자.

개인은 사회주의에서 아무것도 아니다. …… 반면 심리학에 따르면, 개인은 군중의 일부를 이루자마자 자신의 힘을 이루고 있던 정신적 능력의 대부분을 상실한다. …… 한쪽에서는 노동자들의 연합이, 다른 한쪽에서는 사용자들이 동등한 입장에서 싸울 수 있다. 개인의 경우라면 생각할 수 없는 일이다. 어쨌든 이것은 단순히 개인의 전제에서 집단의 전제로 바뀐 것이라고 할 수밖에 없다. 집단의 전제가 개인의 전제보다 덜 가혹하다고 할 만한 이유는 없다. 사실을 보자면, 그 반대가 옳은 게 거의 틀림없다. ……
사회적 대변화는 언제나 위에서부터 일어났으며, 아래에서부터
일어나지는 않았다. …… 허버트 스펜서 역시 비관적이기는 마찬
가지다. 그는 사회주의의 승리가 세계가 경험하는 가장 큰 재앙이
될 것이며, 그 끝에는 군사적 독재국가의 탄생이 기다리고 있을
것이라고 말한다. …… 역사는 우리에게 대중 운동이 실제로는 단
순히 얼마 안 되는 지도자들의 운동이었다는 것을 보여준다. 군중
의 단순성, …… 마지막으로 내가 이전의 책 『군중심리』에서 제시
했던 설득의 요소들 – 확언, 반복, 전염, 인기 – 이 형성하는 메커
니즘을 기억해두자.

19장

경제 심리학

The Art of Contrary Thinking

여기서 제시하는 역발상적 사고의 목적은 아직 거의 탐구가 이루어지지 않은 경제 심리학의 장에서 여러 가지 논의를 제공하자는 것이다. 예컨대 누구도 '경제 심리학자'라는 직함을 달고 있는 사람을 본 적이 없을 것이다. 인간의 행동과 경제 추세에 대한 그 영향의 연구에 진지한 관심을 쏟고 있는 소수의 저술가들은 스스로를 사회학자, 경제학자, 아니면 심리학자라고 부른다.

하지만 최근에 이루어진 연구나 발표 논문, 그리고 연방준비제도이사회에서 수행한 소비자 의향 및 태도에 관한 조사를 보면, 경제 심리학 분야가 앞으로 큰 주목을 받을 분야임은 분명하다.

『경제 행위의 심리적 분석(Psychological Analysis of Economic Behavior)』에서 조지 카토나 교수는 "사람들의 인식이나 사람들의 반응에 상관없는 경제적 발전은 순환적 경기 변동에 대한 충분한 이해를 제공하지 못한다"고 주장한다.

이것은 물론 지금 우리의 논의 주제이다. 우리로서는 현재의 통계적 상황이나 심지어 가능한 통계적 전망을 아는 것만으로는 충분하지 않다. 우리에게는 더욱 중요한 것으로 (1) 소비자와 기업가들이 이런 통계적 보고서와 확률을 어떻게 보고 어떻게 반응할지 알 필요가 있으며, (2) 그 다음 널리 받아들여지는 추세에 대해 역발상적 사고를 해볼 필요가 있다.

이 새로운 경제 심리학을 연구하면서 알아야 할 중요한 사실 한 가지는 어떤 때에는 사람들에게 큰 영향을 미치는 요소라도 다른 때에는 거의 영향을 미치지 못할 수도 있다는 것이다.

또한 사람들은 가장 최근의 비슷한 경험만을 기억하는 경향이 있으며 그전에 다른 결과를 낳았던 원인들은 쉽게 잊어버린다는 것도 말해두어야 할 것이다. 1920~1921년에 경험했던 뚜렷한 전후 불황 때문에 제2차 세계대전이 끝나고 나서는 비슷한 심각한 경기 침체가 찾아올 것이라는 게 일반적인 전망이었다. 하지만 돌아보면, 제1차 세계대전 종전 후 불황과 디플레이션이 일어나기 전에 엄청난 호황과 인플레이션이 발생했다(1919년)는 사실이 간과되었다. 1919년의 호황과 인플레이션이 보편적으로 예상되었던 상황이 아니며, 1945~1946년처럼 그때는 즉각적인 불경기가 예상되고 있었다는 사실은 시사적이다.

요즘 우리 주위는 과거의 기억을 떠올리게 하는 수많은 경제적 예언들로 넘쳐나고 있다. 예컨대 사람들은 더 이상 심각한 경제 침체는 없을 것이라고 말한다. 어떤 사람들은 앞으로 결코 1930~1933년의 상황이 재현되는 일은 없을 것이라고 말한다. 다른 사례를 드는 경우도 있다. 예컨대 '1873년'은 이제 다시없을 것이라든가 '1893년' 같은 공황은 없을 것이라는 말을 들을 수도 있다.

따라서 미래를 예측할 수는 없다고 해도, 경제 추세와 경기 순환 – 그리고 순환을 시작하게 만들고 또 멈추게 하는 원인들 – 에 대해 보다 많은 것을 배우다 보면 경제 심리학이 앞으로 필요한 연구 분야가 되리라는 것을 확신할 수 있다.

20장

과거를 회상하며

The Art of Contrary Thinking

1952년 어디서나 선거 소식이 나돌고 있을 때, 나는 블레인과 클리블랜드가 대통령 자리를 두고 치열하게 경쟁했던 1884년 선거 때가 생각났다. 경제 상황은 늘 그렇듯 그때도 큰 영향을 미쳤다. 게다가 공화당의 '죄'에 대한 증오가 널리 퍼져 있었다. 부패의 관행은 권력의 자리에 있던 공화당을 꼼짝 못하게 했고, 블레인 자신도 심각한 비난을 면치 못했다.

이 무렵 놀라운 일 중 하나는 금융 관련 인쇄물에 정치 뉴스가 없었다는 사실이다. 나는 1884년의 『파이낸셜 앤드 커머셜 크로니클(Financial and Commercial Chronicle)』 52부를 샅샅이 훑어보았지만, 가을 초까지 선거에 관한 이야기는 일언반구도 찾지 못했다. 그때쯤 블레인이 5대 4로 클리블랜드를 앞서고 있다는 기사가 실렸다. 하지만 선거 바로 전 신문은 전세가 역전되어 클리블랜드가 5대 4로 블레인을 앞서고 있다고 보도했다. (결국 클리블랜드가 근소한 차이로 선거에서 승리했다.)

1884년 한 해 시장은 심각한(하지만 짧은) 패닉을 경험했고, 불경기로 인해 많은 회사들이 파산했다. 그중 증권 회사 그랜트 앤드 워드의 파산은 충격적이었다. 죄가 없었다고 하더라도 전직 대통령이자 북군의 영웅인 그랜트가 연루되어 있었기 때문이다. (그랜트 장군은 그 뒤 『개인 회고록(Personal Memoirs)』을 집필하여 워드의 부정으로 생긴 엄청난 빚을 청산해야 했다.)

비관주의가 1884년 봄, 여름, 가을까지 만연해 있었다(이런 상황은 클리블랜드의 대통령 당선에 도움을 주었다). 하지만 돌아보면, 이때는 상대적으로 짧은 불황의 바닥이었다. 주식 시장은 그 뒤 상승을 시작하여 - 주가가 회복될 때 처음에는 늘 의심을 받는 것처럼 이때도 처음에는 의심이 있었다 - 온건한 조정 외에는 1893년 큰 불황이 찾아오기 전까지 줄곧 상승했다. 산업 활동과 무역 또한 침체에서 회복되었고, 1893년이 되기 전까지는 경기가 매우 좋았다. 따라서 대통령 선거가 경기가 좋을 때 치러졌다면 결과가 어땠을까 한번 생각해볼 만하지 않을까 싶다.

선거 문제와 관련하여 역발상적 사고에 대해 생각해보자. 1948년을 생각해보면, 여러분은 금세 결론을 내리고 선거가 있는 해에는 역발상적 사고를 하는 게 영리한 방법이라고 추측할지 모르겠다.

선거는 대부분 근소한 차이의 승부가 되어 견해가 거의 균형을 이루거나 아니면 일방적인 승부가 되어 일반적인 견해가 옳은 것이 된다. 예컨대 1928년 후버에 대한 여론이나 1936년 루스벨트에 대한 여론에 '역발상'으로 대응하는 것은 분명 멍청한 짓이 되었을 것이다.

내 생각에 1948년의 선거는 유일한 경우다. 여론조사원들이 완패했던 이 사건은 '정상적인' 선거 상황이 아니었다.[17]

---

17) 1948년의 대통령 선거는 공화당 후보 토머스 듀이의 압승이 예상되었지만, 트루먼이 대역전에 성공하여 대통령으로 당선되었다. — 옮긴이

21장

금본위제로의 역사적 귀환

The Art of Contrary Thinking

최근 건전한 통화와 가치가 하락한 달러에 대한 관심이 높아지고 있으므로, 미국이 금본위제를 떠나 있던 또 다른 시기에 대해 알아보는 것도 유익할 것 같다. 1879년 다시 금본위제로 되돌아갔을 때는 요즘과 반대의 현상이 일어났다는 것도 말해두어야 하겠다.

1862년 2월, 최초의 달러 지폐가 유통되기 시작했다. 우리는 남북전쟁에 돈을 대기 위해 금본위제를 버렸고, 17년 동안 원래대로 되돌아가지 않고 남아 있었다. (지금은 프랭클린 D. 루스벨트가 두 번째로 미국을 금본위제에서 이탈시키고 나서 약 20년이 되었다.) 달러 지폐의 가치는 거세게 요동쳤다. 한때는 금 가치로 따져 35센트까지 내려가기도 했다. 달러 지폐는 1878년 12월 17일이 되어서야 금과 등가를 이루었다. 금본위제가 다시 실시되기 2주 전의 일이었다.

금본위제가 재개되는 1879년 1월 2일이 가까워오자, 공포가 퍼졌다. 많은 사람들이 달러 지폐와 금을 바꾸기 위해 달려오고, 은행에는 달러 지폐가 수북이 쌓일 것으로 예상되었다.

  하지만 공포는 근거 없는 것으로 밝혀졌다. 많은 사람들의 예상과 달리 금본위제 재개 첫날 정부의 금고에는 오히려 금이 늘어났다. 사람들은 금을 언제든 얻을 수 있다는 사실을 알자, 금을 더 이상 원하지 않았다! 지폐는 주머니 속에 넣고 다니기가 훨씬 편했다. 1879년 1월 3일 『뉴욕 트리뷴(New York Tribune)』에 실린 아래와 같은 글은 당시의 생생한 '느낌'을 잘 전달하고 있다.

  어제부터 공식적으로 정화 지급의 재개가 이루어졌다. 하지만 분고(分庫)의 금은 없어지지 않았다. 수령액이 지불액보다 268,000달러 더 많았다. …… 이 사건은 국가적인 예식으로 기념되었고, 정부 청사와 금융 건물에는 국기가 게양되었다.

  1월 4일 토요일, 『커머셜 앤드 파이낸셜 크로니클』은 국가가 "차분히 새로운 상업적 상황으로 진입했다"고 말했다.

  이에 따라 전쟁 금융의 역사가 마무리되었다. 지폐 발행이 불필요했다고, 나라가 그런 비싼 대가를 치르지 않고서 전쟁을 할 수 있었다고 말하는 것은 쓸데없는 짓이다. 현재 우리가 알아야 하는 것은, 달러 지폐를 발행하고 나서 17년 동안 끊임없는 변동과 함께 다양한 가격 하락의 단계를 거친 후 우리가 마침내 다시 고정된 기준에 안전하게 닻을 내렸고, 모든 면에서 다시 보편적인 가치 법칙을 따르게 되었다는 것이다.

다음 걱정거리는 금이 유럽으로 유출되어 자유로운 태환이 의문시될 만한 수준으로 준비금이 줄어들지 모른다는 것이었다. 1879년 전반기에 있었던 주가 회복은 외국인 보유자들의 미국 주식 매도를 불러왔다. 이에 따라 금이 바다를 건너 외국으로 빠져나갔다. 하지만 다행스런 상황이 미국을 구했다. 우리의 곡물은 최대 수확량을 기록한 반면, 영국, 프랑스, 오스트리아, 독일, 소련의 곡물 수확량은 몇 년 동안 형편없었던 것이다. 미국이 엄청난 양의 곡물을 수출하여 유럽을 기아로부터 구했고, 이와 동시에 금의 흐름을 반전시켰다. 가격이 오르고 새로 확신이 생기자, 일반의 활동이 활발해지면서 반가운 번영의 시기가 찾아왔다. 1873~1878년의 오랜 침체로부터 경기가 살아난 것은 금 덕분이었다.

22장

역사 속의 역발상적 사건

The Art of Contrary Thinking

역발상의 기술을 연구하면서 역사를 훑어보는 것도 유용한 일일 것이다. 예컨대 다음 글을 1952년 선거 때 나온 어떤 경제 잡지의 글이라고 생각하며 한두 가지 단어만 바꾸어(괄호 안에 바꾸어 읽을 단어를 써 놓았다) 읽어보라.

지금 시장은 낙관주의가 지배하고 있다. 2월이 비관주의 시즌이었던 것처럼, 지금은 낙관주의 시즌이다. 게다가 호재가 많아 시즌이든 아니든 시장은 여전히 낙관주의가 지배할 것이다. 대규모 전쟁(방어전) 물자 주문 외에도 값싼 돈, 건전한 금융 상황, 물자와 상품에 대한 넘쳐나는 수요 등이 있다…….

올 한 해에 주식 시장이 이만큼 좋은 상황을 맞은 적은 없었다. 잃을 건 없고, 얻을 것만 있는 상황이다. 커다란 사업에 대한 우호적인 태도가 시장에 적당한 정도로 도움을 줄 수 있는 반면, 악영향을 끼칠 일은 아무것도 없다. 관세(방어전과 외국 원조 프로그램)에 대해 어떤 조치가 취해지지 않는 한, 적어도 다음 몇 년간 악재는 없을 것이다.

이상의 글은 1916년 11월 『무디스 매거진(Moody's Magazine)』에 실린 존 무디의 '금융 시장 고찰'에서 인용한 것이다. 역발상적 시각에서 보자면, 주식 시장이 놀랍게도 '전쟁 시장'의 고점을 기록한 것이 1916년 11월이었다는 것은 시사적이다. 이때 이익, 생산량, 경제 활동이 급격히 치솟았는데, 연합군의 전쟁 물자 주문이 엄청나게 증가했기 때문이다. (대단한 시기였다. 연합국은 우리에게서 몇억 달러를 빌려다가 우리가 생산하는 군수품과 전쟁 물자를 사는 데 썼다.)

그해 여름에는 윌슨과 휴즈 사이에 다소 색깔 없는 선거 운동이 벌어졌다. 정말 아슬아슬한 승부였다. 나이 든 독자들은 선거가 끝난 다음 날 아침 휴즈 판사가 승자가 되어 있으리라고 생각했던 것을 기억할 것이다. 하지만 캘리포니아 주의 늦은 개표 결과가 판세를 뒤집었고, 윌슨은 재선에 성공했다.

엄청난 규모의 전쟁 사업과 거대한 이익에도 불구하고 주식 시장은 13개월 동안 하락장을 이어갔다. 1917년 4월의 미국 참전 소식도 추세를 막지 못했다. 하락세는 계속되어, 그해 후반기 특히 하락 폭이 컸다.

1916년에는 독일이 곧 전쟁에서 패할 것이라는 소망적 사고가 퍼져 있었다. 때때로 강화 타진도 있었는데, 이것이 시장의 하락세를 가져온 원인으로 인식되었다(하락세가 상당히 진행되고 나서). 하지만 1917년 12월 시장이 다시 상승하자 상승세가 멈추지 않고, 정전의 그날(1918년 11월 11일)까지 이어졌다. 그런 다음 주가는 대략 10퍼센트가 빠지고 나서 다시 상승하여 1919년의 상승장과 호황기 동안 상승세를 지속했다. 모든 사람들이 즉각적인 전후 불황을 점쳤던 바로 그 시기다.

23장

여론의 물결

The Art of Contrary Thinking

역발상가들은 여론의 '물결' 그리고 대중 히스테리에 큰 관심을 가진다. 사람들을 사로잡는 열풍은 이런 감정적 조수 변화에 의해 유발되고 계속되는 것이다.

대중 열풍에 관한 이야기는 여러분도 잘 알 것이다. 이에 관해서는 여러 책이 있고, 이 책의 앞부분에서도 다루었다. 하지만 여기서 대중 광풍과 대중 심리를 다룬 몇 권의 책을 다시 한 번 소개하고자 한다. 더 이상 출간이 되지 않는 책도 있지만, 도서관에서 찾을 수 있는 책도 있을 것이다.

『대중의 망상과 군중의 광기에 대한 회고』(찰스 맥케이)

『군중심리』(귀스타브 르 봉)

『평화와 전쟁 시의 집단 본능』(윌리엄 트로터)

『모방의 법칙』(가브리엘 타르드)

『경제 행위의 심리적 분석』(조지 카토나)

『영구적인 평화를 위한 영구적인 전쟁(Perpetual War for

Perpetual Peace)』(해리 엘머 반스): 이 책은 역발상가들을 위한 추천 도서다. 현대에 있어 선전의 위력을 상세하고 통렬하게 설명하고 있다. 이 책은 지난 16년에 관한 수정주의적 역사이며, 널리 받아들여지고 있는 사회·정치적 신념이나 이데올로기, 선전을 역발상적으로 조사하는 게 얼마나 중요한가를 명확하게 보여주고 있다.

물론 다른 책들도 있다. 하지만 위에 있는 처음 5권은 여러분에게 대중 광풍과 대중 심리에 관한 기본적인 사실들을 알려줄 것이다. 카토나의 책은 소비자의 입장에서 경제 행위를 분석하고 있다. (카토나 교수는 연방준비제도이사회를 위해 소비자 조사를 수행했다.)

우리처럼 역발상적 사고를 가진 사람들의 의무는 이런 감정적 '조수 변화'의 문제를 탐구하는 것이다. 왜냐하면 지금은 국제주의의 물결이 우리 국민의 정신을 집어삼킨 게 분명하기 때문이다. 따라서 소수적 사고를 갖고 있는 우리가 남들보다 이 문제를 더 깊이 고찰하고 분석하여 정확한 결론에 도달해야 한다. 그래서 '물결'에 휩쓸린 사람들에게 영향력을 발휘할 수 있어야 한다.

24장

더 알아야 할 것

The Art of
 Contrary Thinking

역발상의 법칙을 계속 연구하다 보면, 역발상을 어떻게 활용해야 하는지에 대해 알아야 할 게 아직 많다는 것을 깨닫는다. 언제 역발상적 사고를 해야 하는가? 얼마만한 정도로 일반적인 견해에 반대해야 하는가? 사람들의 견해는 어떻게 측정해야 하는가?

위의 몇 가지 질문은 우리가 끊임없이 직면하는 질문이다. 하지만 좌절할 필요는 없다. 왜냐하면 경제 분야 전체가 원래 '추측'의 영역이기 때문이다. 지난 세월 동안 경제 예측의 정확성을 높이기 위한 노력이 끝없이 진행되었지만, 진전은 거의 없었다. 현재에 이르러 그전에는 알지 못했던 많은 통계 자료들을 활용할 수 있다고 해도 상황은 달라지지 않았다.

경제 예측의 오랜 역사를 보면, '심리학'이 경제학의 잃어버린 열쇠라는 것이 분명해 보인다. 세상의 온갖 통계자료를 손에 넣는다고 해도 우리는 사람들이 언제 또는 어떻게 행동할지 여전히 알 수 없다. 통계자료는 우리를 혼란에 빠뜨릴 뿐이다. 오래전에 존 스튜어트 밀은 "위기는 부의 문제가 아니라 정신의 문제이다"라고 했다. 예전의 경제학 저술가들 가운데서는 "상황이 바뀌는 것은 정신적 태도가 바뀌기 때문"이라고 생각한 사람들이 종종 있었다. 이미 언급한 바 있는 상원의원 시어도어 E. 버튼 역시 1902년 출간된 그의 중요한 저서『금융 위기와 산업 및 상업 침체의 시기』에서 그런 말을 했다.

버튼의 책에서 역발상이 언제 도움이 되는지 보여주는 사례를 몇 가지 인용해보자. 1825년 7월, 영국 왕의 연설(대법관이 읽은)은 회기를 시작한 의회를 축하하면서, "……왕국의 각지로 계속하여 퍼져나가는 …… 증대되는 일반적인 번영……"에 대해 얘기했다. 하지만 그로부터 5달 뒤 12월에 금융 위기가 찾아왔다.

1873년 3월 15일, 런던의『이코노미스트(Economist)』는 유럽 전역의 발전에 대해 열정적으로 얘기하면서 밝은 전망을 예측했다. 하지만 채 두 달이 안 되어 – 1873년 5월 9일에 – 빈의 증권 거래소가 폐쇄되었고, "엄청난 위기가 발생했다. 그리고 그 뒤 예외적으로 긴 불황이 찾아왔다." (1873년 말에는 미국에서 커다란 위기와 불경기가 시작되었다.)

1892년 12월 31일, R. G. 던 사의『위클리 리뷰 오브 트레이드(Weekly Review of Trade)』는 이렇게 말했다. "지

금까지 알려진 가운데 가장 큰 경제적 번영의 한 해가 더없이 밝은 미래를 암시하며 오늘 끝난다." 하지만 5개월 뒤 1893년 5월, 그 뒤 오래도록 기억될 긴 불경기가 시작되었다. 비슷한 사례를 더 얘기할 수도 있지만, 아마 불필요할 것이다.

다음과 같은 버튼의 말로 이 글을 맺도록 하자. 실로 기억할 만한 가치가 있는 말이다. "위기와 경기 침체는 금융 시스템이 갖추어진 각기 다른 여러 나라에서, 왕국이나 공화국이나, 자유무역 국가나 보호무역주의 국가나, 금속 화폐만 사용하는 국가나 금속 화폐와 지폐를 모두 사용하는 국가나 불환성 지폐를 사용하는 국가나 거의 동시에 일어났으며 …… 또한 같은 나라에서 각기 다른 때에, 다양한 조건 아래서 일어났다."

그렇다. 우리에게는 더 알아야 할 것들이 아직 많다!

25장

예측할 수 없는 것들을 **예측**하다

The Art of Contrary Thinking

역발상적 사고는 무엇보다 예측할 수 없는 것들을 예측하는 우행에서 벗어날 수 있게 해준다. 다른 말로 하자면, 잘못된 일반적 예측으로부터 생기는 혼란을 피할 수 있게 해주는 것이다. 오랜 세월 동안 역발상의 법칙에 대한 연구를 해오면서 나는 역발상의 법칙이 정확한 미래 예측을 하는 것보다는 미래 예측의 오류들을 피하는 데 더 도움이 된다는 것을 알았다.

여기서 여러분의 관심을 바라며 한 일 년 전 『프리먼(The Freeman)』에 실린 특별히 가치 있는 한 편의 기사를 소개하고자 한다. 미국과 유럽에서 널리 알려진 경제학자 앨버트 L. 한 박사가 쓴 기사로, 제목은 '예측할 수 없는 것들을 예측하다' 이다.

최근의 '잘못된' 예측(전후 경기 침체와 디플레이션, 그리고 인플레이션의 지속 등)을 살펴본 후, 한 박사는 "예측에서 일어나는 이런 오류들의 규칙성은 완전히 우연이라고 할 수 없을 것이다"고 말했다. "'예측에 있어 이런 오류들의 필요성에 관한 법칙' 같은 것이 있는 게 틀림없다." 그는 다음과 같이 덧붙였다.

'과학적' 예측의 가능성과 예측과 관련된 우리 시대의 열풍이 상대적으로 새로운 현상임은 잘 인식되지 못하고 있다. 대략 1930년까지는 진지한 경제학자라면 누구도 대담하게 – 혹은 단순하게 – 미래의 호황이나 불황의 도래를 예측할 생각을 하지 않았다. 그런 일은 자유 경제의 작용에 관한 그들의 일반적인 시각과 맞지 않았다. 그들은 경제적 미래가 기본적으로 예측할 수 없는 가격·비용 관계 그리고 똑같이 예측할 수 없는 기업가들의 심리적 반응에 따른다고 생각했다. 미래의 경제 조건에 관한 예측은, 그들에게는 사기처럼 보였다. 그것은 지금부터 2년 뒤에 의회가 어떤 결의를 할지 예측하는 것과 다를 바 없다고 생각했던 것이다.

예측(그리고 덧붙이자면 역발상의 유용성도)에 관한 우리 시대의 열풍은, 한 박사의 견해에 따르면, 케인스식 경제에서 비롯되었다.

전체 케인스식 접근법의 기본적인 오류는 객관적인 자료와 사회 구성원들의 결정 간에 기계적인 인과관계를 설정했다는 데 있다. 하지만 인간은 인간이지 기계가 아니다. ……

경제적 미래를 예측한다는 것은 전체 미래만큼 불확실한 투자와 소비에 대한 결정을 예측한다는 것이다. ……

수요의 부적정 분배가 야기되고 경기 순환이 일어나는 것은 기업가 대다수가 너무 낙관적이거나 너무 비관적이기 때문이다. 그들이 너무 일찍 너무 많이 투자하거나, 너무 늦게 너무 적게 투자하기 때문이다. ……

이 명석한 사고의 경제학자 얘기를 조금 더 들어보자. "계산된 경기 침체는 일어나지 않는다. 계산된 인플레이션도 일어나지 않는다. 하지만 최근의 불경기(1951년)가 오기 전에는 새로이 인플레이션이 일어날 것이라는 예측이 유행했었다. 이론가들이 우리의 시대를 영구적인 인플레이션의 시대라고 떠들자마자 경기 후퇴가 찾아왔던 것이다……."

26장

'군중 동요'는 아이젠하워에게 유리하다

The Art of Contrary Thinking

(1952년 10월에 쓴 이 글은 선거 운동에서 어떻게 역발상적 사고를 할 수 있는지 보여주기 위해 여기 실었다.)

며칠 안 남은 선거와 관련하여 우리는 다시 역발상이 선거 결과를 예측하는 데 정말로 별 가치가 없는지 생각해보아야 한다. 독자들은 금방 1948년의 대선을 머릿속에 떠올릴 것이다. 왜냐하면 1948년의 선거 결과는 역발상적 사고가 옳았다는 것을 보여주었기 때문이다. 하지만 나는 4년 전의 그 일을 '여론조사원의 운'이라 부른다. 사실 그런 일은 흔히 일어나지 않는다.

일반적으로 말하자면, 전국적인 선거는 두 가지 범주로 나뉜다. (1) 결과가 예상대로 나오는 선거. 따라서 이때 단순히 역발상을 위한 역발상은 틀린 것이 될 것이다. (2) 박빙의 승부이기 때문에 결과가 나올 때까지 누가 이길지 전혀 점칠 수 없는 선거. 이런 때는 역발상적 사고를 제시할 만한 일반적인 견해 자체가 존재하지 않는다.

예컨대 누군가 1948년을 선거와 관련된 역발상의 사례로 제시한다면, 여러분은 1928년 후버의 당선 사례를 제시하면 될 것이다. 당시는 모두들 후버가 대통령으로 당선될 것이라고 예측했고, 정확히 예측대로 되었다.

올해의 열띤 경쟁과 선거전으로 되돌아오면, 선거 결과에 관해 두세 가지 흥미로운 상황을 예상해볼 수 있을 것 같다. 하지만 이것을 엄밀히 예측이라고 하지는 못할 것이다.

올 가을에는 새로운, 아니면 적어도 새롭다고 생각되는 양상이 전개되고 있다. 하지만 과거의 선거는 대부분 여론조사가 없었기 때문에 상황이 새롭다고 하는 것은 또한 추측일 뿐이라고 할 수 있겠다.

새로운 양상이란 여론조사에 따르면 이번 선거에서는 대다수 투표자들이 아직 '결정을 내리지 않은' 부동층이라는 것이다. 결정을 내리지 않은 부동층은 총 투표자의 4분의 1 내지 3분의 1에 달하는 것으로 파악되고 있다.

현 시점에서 투표자들을 (부정확하지만) 대략 나누어보면, 3분의 1은 스티븐슨에게 투표하기로 결정하고, 다른 3분의 1은 아이젠하워에게 투표하기로 결정하고, 나머지 3분의 1은 아직 결정을 내리지 않았다고 할 수 있을 것이다. (다시 한 번 말하지만, 이런 추측은 분명 부정확할 것이다. 하지만 각 집단마다 커다란 차이가 나지는 않을 것이다.) 이에 따라 거대한 투표자 무리가 이쪽 혹은 저쪽으로 움직여 갈 수 있다.

대중 심리에 관한 연구를 통해 우리는 이해할 수 없는 순간에 대중의 움직임이 일어나곤 한다는 사실을 배웠다. 많은 사람들이 하나의 무리로 움직이는 것은 이해하기 힘들지만, 그것이 인간의 특징 중 하나다. 하지만 대중의 움직임은 이성이 아니라 감정적 동기 부여에서 비롯된다. 군중은 정신이 아니라 가슴(감정)에 영향을 받는다.

이 모든 사실로부터 '결정을 내리지 않은' 대중이 한 방향으로 움직이리라고 추측해볼 수 있다. 모든 사람들이 옆 사람과 똑같이 행동할 것이라고 말하는 것은 아니다. 냉정한 분석에 따라 결정을 내리는 사람도 있을 것이다. 하지만 대다수는 1952년 11월 4일(선거일)에 이르기 전에 감정적인 도약을 통해 똑같은 결론에 이를 것이다. 이런 종류의 감정적 움직임이 일어난다면, 한쪽 후보가 대승을 거둘 것이다. 따라서 박빙의 승부라는 '일반적인 견해'는 틀린 것이 될 것이다.

감정적 호소에는 민주당에게 강점이 있다는 게 그동안 나의 생각이었다. 하지만 아이젠하워 장군도 사람들의 주의를 한국으로 끌어 모으면서 아직 결정을 내리지 않은 투표자들의 마음을 사로잡을 만한 좋은 기회를 얻었다.

이런 기회는 사실 아이젠하워의 디트로이트 연설('나는 한국에 가야 할 것입니다.')에서부터 비롯되었다. 한국에 관한 이 연설은 큰 반응을 낳았고, 그 파장이 계속된다면 이번 주는 결정을 내리지 못한 대중을 한쪽 방향으로 달려가게 할 수 있을 것이다. (물론 아이젠하워 장군 쪽으로다. 그러나 디트로이트에서 맥아더 장군을 언급하지 않은 것은 그의 큰 실수다.)

압승이라고 하면, 일반 투표나 선거인단 투표에서의 압승을 의미하는 것일 테다. 하지만 일반 투표는 몇 백 만 표 차이가 나지 않으면서 선거인단 투표에서 압승을 거둘 수도 있다. 따라서 결정을 내리지 않은 대중의 움직임은 놀라운 결과를 낳을 수 있다.

물론 대중이 아이젠하워에게로 몰려가는 것만큼이나 스티븐슨에게 몰려갈 수도 있다. 어쩌면 그럴 수도 있을 것이다. 하지만 선거 결과가 놀라운 것이 된다면 아마 그것은 아이젠하워가 압승을 거두었기 때문일 것이다.

현재까지의 분석으로는 상황이 스티븐슨에게 유리한 것으로 알려져 있지만, 어쨌든 '군중 동요'는 아이젠하워 장군에게 모험을 건 승부가 될 것이다.

27장

돈을 버는 머리

The Art of Contrary Thinking

　　　　　　미국 자본주의의 지칠 줄 모르는 승리는 다음과 같은 깨지지 않는 공식에 따르는 것이다.

　돈을 버는 머리와 공학적 천재의 결합은 끊임없는 성장을 가져온다.

　돈을 버는 자유가 속박을 없애준다는 (희망적인) 가정에 기초하여 간략하게나마 □돈을 버는 머리□에 대해 알아보자. 돈을 버는 머리를 억제하거나 구속하면, 끊임없는 성장은 방해를 받을 것이다.
　농촌 마을이든, 소도시든, 대도시든 어떤 사회든 큰돈을 버는 사람은 소수다. 자연은 이런 점에서 인색하지만, 어쨌든 돈을 버는 머리가 있는 사람을 골고루 퍼져 있게 했다. 따라서 □성장□ 역시 고르게 퍼져나가는 것이다.
　돈을 버는 일은 정신적인 성격의 일이다. 나는 이것이 정말로 터득하기 대단히 힘든 기술이며 선천적인 것이라고 생각한다. 그러니까 이것은 타고나느냐 아니냐의 문제다.

이런 소질을 타고 난 사람들에게는 경기가 좋든 나쁘든 별 차이가 없다. 그들은 돈을 벌 기회를 금세 찾아낸다. 즉 그들에게는 기회를 찾아내는 능력이 있는 것이다. 그들은 과도한 투기로 모든 것을 잃어버릴 수 있지만, 금세 모든 것을 되찾는다. (나이가 들어 돈을 버는 그들의 능력이 감퇴되기 전까지.)

교육은 돈 버는 기술과 별로 아니면 아무 상관이 없다. 여러분도 학교 교육을 받지 못했지만, 큰돈을 번 수많은 사람들에 대해 알고 있을 것이다. [□자유주의자들□이 되풀이해 트집을 잡는 수많은 강도 귀족들(Robber Barons) 역시 이처럼 교육을 받지 않았지만 큰돈을 번 사람들이다.]

물론 이런 자질을 타고 나지 않은 수천 명도 큰돈을 벌었다. 몇몇 발명가들(하지만 정말로 큰 부자는 애초에 돈을 버는 자질을 갖고 있는 법이다)과 뛰어난 능력으로 많은 보수나 급료를 받는 사람들도 있다. 연예인들도 인기가 사라지기 전까지 많은 돈을 번다.

다른 일들처럼 돈을 버는 일에서도 평등은 자연의 소관이 아니다. 모든 종류의 우수한 능력은 소수가 차지하고 있다. 귀스타브 르 봉[『사람들의 심리학(The Psychology of Peoples)』에서]은 이렇게 말했다. "역사는 우리가 시대를 앞서간 엘리트들에게 이 모든 발전을 빚지고 있음을 보여준다." 그는 이렇게 덧붙였다. "만약 보편적인 평등이라는 우리의 꿈에 눈이 먼다면, 우리는 이런 태도로 인해 희생자가 되고 말 것이다. 평등은 결국 열등을 가져온다……."

많은 사람들은 돈을 버는 일에만 몰두하는 것을 마음에 들어 하지 않는다. 그들의 관심은 다른 여러 방향으로 향해 있다. 이것은 다행스런 일이다. 그렇지 않았다면 우리는 우리에게 지혜, 아름다움, 문화를 가져다준 역사상 위대한 인물들의 풍요로운 결실을 향유할 수 없었을 것이다.

하지만 순수하게 경제적 발전 - 그리고 일반적인 사회 복지 - 의 관점에서 보자면, 자연이 소수에게나마 돈을 버는 재능을 베푼 것은 다행스런 일이다. 그런 사람들이 없었으면, 미국은 현재 하듯 세계를 구하려는 노력을 제대로 할 수 없었을 것이다. 그런 뛰어난 능력을 지닌 소수에게 감사하도록 하자. 그런 능력이 없는 우리는 그들을 본받기 위해 노력할 수 있을 것이다!

28장

예측은 왜 틀리는가?

The Art of Contrary Thinking

예측이 요즘 광적인 유행이 되었다. 사실상 모든 경제학자들이 미래에 대한 견해를 제시하고, 많은 이들은 본분을 벗어나 「미래에 무슨 일이 벌어질지」 기사를 쓰거나 연설을 한다. 여러분도 갖가지 이론들이 범람하는 것을 잘 알 것이다.

하지만 우리가 유념해야 할 중요한 사실은 예측이 많은 주목을 받을수록 틀릴 확률이 더 높아진다는 것이다. 예측이 공식적인 지지와 찬성을 받고 있다고 말할지 모르겠다. 의회에서 대통령 경제자문위원회라는 경제 예측 기구를 만들었기 때문이다. 이 기구는 매년 경제 전망에 관한 보고서를 내놓는다. 과거에는 훨씬 더 자주 보고서를 내놓았다. (아이젠하워 대통령 아래서는 공개적인 경제 예측이 훨씬 줄어들 것이 분명하다.)

우리는 경제 예측이라는 학문이 이런저런 「이론」이 각광을 받는 동안 다양한 단계를 지나쳐가는 것을 목격했다. 얼마 전까지 케인스 경과 케인스 학파에 대한 얘기가 많았던 것을 기억하는가? 현재는 수학과 계산자에 의존하는 것 같다. 공학적인 방법으로 경제 요인들을 분석하는 것이다. 그리하여 모든 사람들이 미래에 대한 열쇠를 찾으려 혈안이 되어 있다.

하지만 권위 있는 경제 전문가들의 복합적인 예측은 결코 사실로 입증되지 못한다. 왜냐하면 그들의 예측은 사람들에게 받아들여지는 순간 틀릴 수밖에 없기 때문이다. 만약 어떤 예측을 믿는다면, 여러분은 예측된 것으로부터 스스로를 보호하는 방향으로 행동할 것이다. 따라서 예측은 빗나가고 만다.

경제 예측이 요즘처럼 인기를 누리고 범람하는 한 – 신문에서, 라디오에서 반복적으로 쏟아지며 악평을 사는 한 – 사고 방법으로서 역발상의 가치는 더욱 커질 것이다.

29장

혁명은 장기적 시각을 요구한다

The Art of Contrary Thinking

오늘날 러시아가 조종하는 국가들에서 반란이 일어났으면 하는 바람들이 흔히 표현되고 있으므로, 여기서 혁명에 관해 얼마간 알아보는 것도 좋을 것이다. 역발상적 사고의 원칙 하나는 소망적 사고와 선입견을 피하는 것이다.

먼저 대중이 오로지 전제(專制)로부터 자유를 얻기 위해 반란을 일으킨다는 사실에서부터 얘기를 시작해보자. 사람들은 누군가에게 굴복하기 위해 일부러 소요를 일으키지는 않는다.

둘째, 대중이 억압적인 체제 아래 있는 시간과 반란을 위해 충분히 분기하는(조직되는) 데 걸리는 시간 사이에는 어떤 관계가 있다. 예컨대 미국 혁명의 씨는 보스턴 차 사건과 콩코드와 렉싱턴 전투보다 훨씬 전에 뿌려졌다.

이와 관련하여 귀스타브 르 봉을 다시 언급해야겠다. 이번에는 『혁명의 심리학(The Psychology of Revolution)』이라는 책인데, [진정한] 혁명의 시간적 요소에 대한 얘기다. "사람들의 운명을 바꾸는 진정한 혁명은 대개 아주 천천히 성취되기 때문에 역사가들은 그 시점을 거의 알 수 없다. 따라서 혁명(revolution)보다는 진화(evolution)라는 말이 훨씬 더 정확할 것이다."

정부를 전복하려는 한 사람 또는 한 도당의 바람 외에는 아무런 이유도 없는 짧은 쿠데타는 역사적으로 매우 많았다. 하지만 이런 많은 쿠데타는 손쉽게 성공한 만큼 손쉽게 무너지곤 했다. 이런 것들은 우리가 말하는 의미에서 보자면 혁명이라고 할 수 없었다. 러시아에서 쿠데타가 시도될 가능성은 매우 낮다. 경찰 및 보안 체제가 확고히 자리 잡고 있기 때문이다.

러시아의 「진정한」 혁명에 관한 한, 우리는 두 가지 관련된 요소를 기억해야 할 것이다.

1. 러시아의 현재 시스템은 거의 한 세대 뒤떨어진 것이다. 대략 35년의 세월이다. 그 결과로, 러시아에는 교조와 신념들이 뿌리를 깊이 내렸다. 수백만 명의 러시아인들은 다른 정부 체제에 대해 알지도 못한다. 그들은 자유가 무엇인지 그 의미조차 모른다.

2. 우리는 「모방의 법칙」으로부터 강력한 운동은 소수에게서 시작되어 모방과 전염을 통해 다수에게 전파된다는 것을 배웠다.

하지만 '리더십'에 의해 일종의 광증이 기세를 유지해야 한다.

위의 두 요소는 교육과 발전 면에서 모두 시간을 필요로 한다. 새로운 신념이 사람들의 머릿속에 확립되어야 하기 때문이다. 이런 신념은 기존의 사회 체제에 대한 불만을 각성시켜야 한다.

러시아의 사회 형태에 영속적인 변화를 일으킬 수 있는 혁명은 긴 시간을 요구할 것이다. 적어도 러시아 체제의 완전한 붕괴에 대한 현재의 바람은 역발상적 사고로 대처하는 게 현명한 자세일 것이다.

30장

역발상의 법칙은
모방과 전염의 법칙에 의존한다

The Art of Contrary Thinking

여기서 다시 한 번 가브리엘 타르드의 『모방의 법칙』에 대해 언급하고 싶다. 이 책이 중고서점에서 그토록 찾기 어렵다는 것은 안타까운 일이다. 하지만 도서관에서는 찾을 수 있을 것이다.

이 책에 있는 기딩스 교수의 서문은 타르드의 철학 이론과 독창성이 예리한 관찰력뿐만 아니라 "깊은 고독과 끈기 있는 숙고"에서 나왔다고 말하고 있다. 우리 대부분은 혼자 30분 있는 것도 참기 힘들어하며, 우리의 사고란 대개 남들이 우리에게 말한 것을 생각하고 되풀이한 것에 지나지 않는다. (말하자면 우리는 모방자들이다.)

인간 본성의 타고난 연구자라고 묘사되는 타르드는 "가장 오래된 철학적 질문, 즉 동기를 어떻게 설명할 수 있는가"에 지속적인 관심을 보였다. 그는 동기를 신념과 욕망으로 설명할 수 있을 뿐 아니라 측정할 수도 있다는 것까지 알아냈다.

모방은 실제로 강력한 동기이다(타르드가 입증했듯이). 모방은 귀스타브 르 봉이 수 권의 책에서 광범위하게 다루고 있는 □전염□ 현상과 긴밀히 관련되어 있다. 역발상 법칙은 이런 모방과 전염의 □법칙□에 기대고 있다. 따라서 우리는 이 두 가지 □사회적 개념□들을 유념하고, 때때로 군중 행동의 자극제로서 그 역할에 대해 생각해보아야 한다.

타르드는 생각이나 행동의 모방에서 자발적인 것과 비자발적인 것, 의식적인 것과 무의식적인 것의 논리적 구분이 존재하지 않는다고 주장한다. 그의 주장에 따르면, 누군가 무의식적으로 그리고 비자발적으로 다른 사람의 견해를 따르거나 다른 사람의 행동이 자신의 행동에 영향을 미치도록 놔둔다면, 그는 다른 사람의 생각이나 행동을 모방하는 것이다. 그가 고의적으로 또는 의식적으로 개념을 빌리거나 행동을 좇는 것과 다를 바 없는 것이다.

타르드는 또한 "사실, 모방에는 두 가지 방식이 있다"고 말했다. "하나는 다른 사람과 똑같이 행동하는 것이고 다른 하나는 다른 사람과 정반대로 행동하는 것이다. …… 사회적 환경이 아무리 단순하다고 해도 암시 없이는 그 무엇도 지지를 얻을 수 없다. 주장되는 생각뿐만 아니라 그런 생각의 부정 역시 마찬가지다." 이 두 가지 모방 방식과 관련하여 요즘 그리고 지난 20년간의 수많은 사회적 논쟁이 머릿속에 떠오른다. 우리는 중요한 사회적인 그리고 경제적인 문제를 고려할 때는 모방과 반(反) 모방에 관해 생각해보아야 한다.

하지만 반모방 역시 그런 반대 행동에 「리더십」이 존재한다는 점에서 직접적인 모방에서 비롯된다는 사실을 알아두어야 한다. 예컨대 노동자 집단은 산업계의 추세와 정반대의 방향을 취할지 모르지만, 노동자들의 이런 「반모방」 행위는 그들의 지도자들을 모방한 것이다.

타르드는 말한다. "모든 긍정적인 지지는, 동시에 평범한 양 같은 사람들의 마음까지 사로잡고, 천성적으로 반항적인 뇌의 이곳 혹은 저곳을 – 완전히 반대되는 생각의 영역을 – 각성시킨다."

31장

대중 순응의 결과

The Art of Contrary Thinking

어떤 사람은 모든 것이 너무 □커져버렸기□ 때문에 우리 개인은 이런 거대한 산업과 기술적 신비 가운데서 혼란에 빠지지 않을까 생각할지 모르겠다.

나아가 사람들(군중)이 □획일적인 순응성의 패턴□에 사로잡힌다면 (a) 대중 운동은 강도와 응집력이 더 커지고 (b) 개인주의자들은 사회·경제적 사건의 거대함에서 자신의 자리를 찾기가 점점 더 어려워지지 않을까?

이 문제는 자유주의주의자들이 생각해보아야 할 주제다. 미국 건국의 아버지들은 우리나라를 세울 때 독립적이며 자유로운 국가의 이념뿐만 아니라 독립적이고 자유를 사랑하며 자유롭게 사고하는 개인들의 국가라는 개념에 기초했다.

미국이라는 근사한 나라의 신속한 성장은 개인 기업가들의 비상한 성취 덕분이었다. 그들은 근면한 건설자였고, 경제적 개척자였다. (때로는 좌파가 비난하는 □악덕 기업가□들도 있었다.)

실제로 그들은 너무 신속하고 맹렬하게 나라를 건설하여 그들의 두 번째 단계 – 기업들을 결합·합병하고 확대시키는 작업 – 는 개인적 노력을 무력화하고 집단적 노력을 강화하고 대중 패턴에 대한 개인의 순응성을 확대시켰다. 오늘날 거대 기업에서는 어떤 직원이 승진 대상이 되었다고 할 때 이렇게 질문해보아야 한다. 이 사람은 우리 회사 사람인가? 그는 개인주의자인가 아니면 회사 패턴에 순응하는 사람인가? 그는 □집단 사고□의 신조에 찬성하는 사람인가? 노골적으로 말해, 그는 집단에 순응하는 사람인가? 개인주의자들에게는 현대의 집단주의적인 기업 조직에서 일하는 것만큼 실망스런 일이 없을 것이다. 불행한 개인주의자는 순응의 대가로 얻는 안전을 버리고 회사를 나와 다른 곳에서 만족을 구해야 한다. 회사로서는 회사의 자원이 더 이상 그 한 사람의 개인적인 목적을 위해 낭비되지 않기 때문에 좋은 결과다. 그 사람 역시 회사의 발전을 위해 자신의 역량을 소모할 필요가 없기 때문에 좋은 결과다. 대다수는 순응할 때 행복해하기 때문에 회사를 위해 충성할 사람들은 어디든 널려 있다. 비순응주의자들은 소수에 지나지 않는다.

미국 경제에서 전개되는 이런 양상으로 누군가를 비난해서는 안 된다. 미국이 이런 식으로 발전해온 것은 누구의 책임도 아니기 때문이다. 기업체는 한 개인이 운영하기에는 너무 커져버렸다. 우리는 집단 경영의 시대에 들어왔다. 당연히 대중 순응 현상도 따라왔다.

하지만 우리 역발상가들에게는 이와 관련하여 생각해보아야 할 문제가 한 가지 있다. 이런 대중 순응의 확대와 발전으로, 미래에는 경기 순환의 강도가 더 커질 것인가 아니면 더 약해질 것인가 하는 것이다.

32장

역발상의 법칙으로
잘못된 생각을 바로잡아야 한다

The Art of Contrary Thinking

대중들이 마음속에 품고 있는 특정한 사회·정치적 오해와 착각에 대해 역발상의 법칙을 적용하는 문제를 생각해보자. 우리 역발상가들은 대중의 정신에 깊이 자리 잡은 몇 가지 잘못된 생각들에 대해 주의를 기울일 필요가 있다.

이른바 □중도 철학(Middle-Road Philosophy)□을 말하는 것인데, 이것이 바로 오류의 한가운데 자리하고 있다. 중도주의자들은 미국식 경제생활에 해를 끼칠 수 있다. 그들은 다른 사람들까지 좌익의 방식과 프로그램으로만 실현될 수 있는 사회·경제적 이론을 믿게 만들기 때문이다.

중도 철학은 만인을 위한 더 나은 삶을 설교한다. 하지만 여기에는 한 가지 사상이 포함되어 있다(아니면 적어도 암시되어 있다). 경제 시스템이 제대로 돌아가지 않으면 국가가 개입하여 경제가 다시 잘 돌아갈 수 있도록 해야 한다는 사상이다.

따라서 중도주의자들은 (의도적이지는 않은 것 같지만)

자유 사회·경제 체제의 기능에 관해 잘못된 생각을 퍼뜨린다. 이 자리에서 다음과 같은 사실을 강조하고 싶다. 여러분이 경제 활동, 생산, 고용, 물가의 자본주의적 순환을 없애 버리거나 적어도 「완화」시킬 수 있다(널리 쓰이는 중도주의자들의 표현)고 사람들(사회·정치적 추세를 연구할 시간이나 의향이 없는)에게 말한다면, 내 생각에 여러분은 대중을 현혹시키는 것이다. 독재 정권 때나 엄격한 전시 통제 기간을 제외하면, 역사에는 이런 일이 이루어질 수 있다는 것을 보여주는 증거가 없다.

수요와 공급의 법칙을 조종하거나 통제하면서 동시에 미국식 민간 기업 시스템의 근간이 되는 자유 행위의 개념을 유지할 수는 없는 것이다. 따라서 저명한 경제학자들이 경기 순환이 종식될 날이 가까이 오고 있다 – 우리의 경제 시스템이 「시험중」에 있다 – 고 얘기하는 것을 보면, 충격을 받지 않을 수 없다. 게다가 그들은 상황이 잘못되면 정부가 재빨리 개입해야 한다는 중도 철학에 동조하고 있다.

따라서 이럴 때 역발상적 사고가 필요한 것이다. "우상을 경계하라."(유명한 금언) 믿기 전에 모든 선전을 의심하라.

33장

동시에 두 가지 측면을 보아야 한다

The Art of Contrary Thinking

　　　　　역발상의 법칙에서 중요한 한 가지 목적은 일반적인 견해에 반대함으로써 미래를 예상하는 것이다. 나는 여기서 「미리 생각하여 둔다」는 사전적인 의미로 「예상」이라는 말을 썼다. 「예측」과 「예상」에는 큰 차이가 있다는 사실을 알아두기 바란다. 나는 역발상의 법칙을 정확한 예측 수단이 아니라 일반적인 예측의 교정 수단 – 반(反) 예측을 통한 – 으로 생각한다.

　예컨대 여러분은 두 가지(혹은 그 이상의) 추세나 사건 중 하나를 예상하여 – 아니면 둘 모두를 예상하여 – 어느 것이 가능성이 더 높다고 생각하기 전에 추후의 전개를 기다릴 수 있는 것이다.

　일례로 우리에게 제시되었던 경제 전망에 대해 생각해보자. 최근에는 「양자택일」 상황이 있었다. 새로 인플레이션이 발생할 것인가 아니면 불경기가 찾아올 것인가 하는 것이었다.

　하지만 역발상적 예상이란 미리 생각해두는 것을 뜻한다

는 것을 잊지 말라. 우리는 예측하지 않고 예상할 뿐이다. 이것은 역발상의 법칙에서 중요한 점이다.

이와 관련하여 나는 호황기에 이런 질문을 받곤 했다. "앞으로 경기가 좋아진다거나 호황이 계속될 거라 생각한다고 해도 그 뒤에 올 불경기에 대해 미리 말할 수도 있는 거잖아요?" 정곡을 찌르는 훌륭한 질문이다. 대답은 두 가지 사항, 즉 (1) 시간 요소와 (2) 심리적 요소에 따른다.

오랫동안 관찰하여 깨달은 사실에서 보자면, 우리 평범한 사람들은 일단 어떤 방향으로 견해가 확립되면 그런 견해를 다른 방향으로 돌리는 데 꽤 긴 시간이 걸린다. 따라서 어떤 한 방향의 추세를 마음속에 받아들이면, 추세가 바뀌고 나서 어느 정도 시간이 지나기 전까지는 전망을 바꾸려 하지 않는다. 여러분도 이런 현상을 수차례 보아왔을 것이다. 하지만 강이 여기까지 순탄하게 흘러왔기 때문에 계속 순탄하게 흘러갈 것이라고 단순하게 믿는 것보다 역발상적 사고로 흐름의 변화를 예상하면 다가오는 소용돌이나 급경사의 낙류를 미리 발견할 가능성이 커질 것이다. 예상하지 못했을 때는, 갑작스런 변화에 대처하기가 힘들다. 월스트리트에서 흔히 하는 다음과 같은 표현을 여러분도 들어보았을 것이다. "그 사람은 너무 오랫동안 상황을 낙관(비관)하고만 있었어요."

또 다른 사항 - 시간 요소 - 은 그동안 너무 자주 언급했기 때문에 여기서 다시 얘기하지는 않을 생각이다. 단, 경제적 추세와 사건들의 타이밍을 정확하게 예측하는 것은 실제적으로 불가능하다는 사실만은 한 번 더 말해두고 싶다. 따라서 역발상가들은 예상이 너무 이를지 모른다는 사실에 개의치 말아야 한다. 바늘 끝처럼 예리한 예측은 다른 사람들에게 맡겨두자. 이르지 않으면 늦을지 모른다는 사실을 알아두어야 한다.

34장

경기 예측이라는 까다로운 일

The Art of Contrary Thinking

경기 예측은 더 이상 어려울 수 없을 만큼 어려운 일이다. 하지만 제대로 된 사업 계획을 세우려면 사업가들은 미래를 내다보아야 한다.

이 일이 더 어려워진 것은 요즘 우리 미국이 평시 경제도 아니고 전시 경제도 아니라는 사실 때문이다. 전후 평시 경제 시대의 기준으로는 현재의 복잡한 상황을 측정할 수 없다. 상황이 다음과 같이 복잡하기 때문이다.

1. 생산 시설이 대중과 정부(방어전에 대한)의 수요를 충족시킬 수 있는 수준으로 확대되었다. 이렇게 두 차원으로 이루어진 경제를 예측하는 것은 극도로 어려운 일이다. 다음과 같은 이유 때문이다.
2. 무수한 경제 요인에 대한 정부 개입(알려지지 않은, 예기치 않은 때에)이 상황을 복잡하게 만든다. 정부는 금융과 신용 문제에, 상품 재고에, 전쟁 물자의 축소나 확대에, 대중 감정에 영향을 미칠 결정이나 선언으로, 그리고 여러 다른 방법으로 개입을 할 수 있다. 이런 돌연한 조치는 예측할 수가 없다. 세계적 사

건이나, 비밀리에 이루어진 결정, 혹은 대중 심리가 야기한 갑작스런 사건에 따르기 때문이다.

이런 복잡함에도 불구하고 경제 예측은 지속적으로 양산되고 있다. 양산되는 만큼 그 정확성은 형편없이 떨어지고 있다! 물론 나는 정부가 현대 경제에서 차지하는 중요한 역할 때문에 경제와 대중 심리에 대해 특별히 관심을 기울여야 한다고 생각한다.

이런 양상을 측정하는 한 가지 방법이 바로 역발상의 법칙이다. 역발상의 법칙에 따라, 「반론」을 분석하여 대다수가 형성하는 일반적인 견해를 조사해볼 수 있다. 여기서 경기 예측에 대한 기초 지식들을 가르쳐줄 작은 책을 소개하고자 한다. 한 주면 이 책의 모든 지식을 소화·흡수할 수 있을 것이다. (책은 겨우 120쪽이며, 32개의 차트가 있다.) 1954년 초 『저널 오브 커머스(Journal of Commerce)』에서 출간했고, 뛰어난 편집자 H. E. 루다이크 박사가 편집한 이 책은 『경기 추세를 예측하는 법: 경영진을 위한 특별 보고서(How to Forecast Business Trends-A Special Report for Executives)』이다. 이 책을 한번 읽어보기 바란다. (나는 『저널 오브 커머스』가 경기 추세를 추적하고 예측하는 모든 사람들에게 필수적인 자료라고 생각한다.)

35장

이 모든 것이 다
무슨 소용이란 말인가?

The Art of Contrary Thinking

제목만 보고 여러분은 내가 한밤중에 다리에서 투신이라도 하려는 건 아닌가 하고 의심할지 모르겠다. 전혀 그렇지 않다. 내 말은 한 무더기 쓸모없는 지식들을 강에다 내다버리고 싶다는 것이다.

서재에서 몇 시간 동안 수많은 오래된 책과 출판물을 뒤지다 보면 정말로 그런 생각이 든다. 그럴 때마다 많은 책과 자료를 색스턴스 강에 내던져버리고 집에 돌아오면 얼마나 기분이 상쾌할까 생각해본다. 하지만 역발상적으로 생각해보면, 먼지와 거미줄을 뒤집어쓴 책들은 잘못된 정보들의 운명을 떠올려준다는 이점이 있다.

그래서 나는 아직 그 모든 것을 보관하고 있다. 정확한 사회·경제 예측을 위한 열쇠를 발견한 사람은 아직 없다는 것을 언제라도 다시 한 번 깨닫기 위해서 말이다. 인간의 본성이 여전히 불안전하고 변덕스러운 - 그리고 예측하기 힘든 - 한, 사회·경제 추세 역시 예측하기 힘들며 예기치 않은 변화에 민감한 상태로 남아 있을 것이다.

기본적으로 우리 모두가 흔히 저지르기 쉬운 실수는 원인과 결과를 혼동하는 것이다. 오랜 세월에 걸쳐 발표된 수많은 견해를 조사하다 보면, 사람들이 빈번히 기존의 상황에 근거하여 견해를 형성하고, 현재 일어나고 있는 일을 동일한 패턴에서 계속 발생할 사건들의 원인으로 생각해왔다는 것을 알 수 있다. 이전에 실제로 일어난 일 – 미래에 변화를 야기할 일 – 이 무엇인지 분석하려는 노력은 거의 이루어지지 않았다.

우리는 무의식적으로 현재 일어나는 일에 영향을 받는다. 경기가 좋으면, 낙관적인 논의들이 널리 주목을 받고 받아들여진다. 불경기 때는 비관론과 의기소침한 견해들이 파급된다.

어떤 사회·경제적 상황에 대한 정부 개입(예컨대 최근의 경우는 통화적 개입)은 그전의 상황이나 조건(의 결과)에 따라 일어난다. 하지만 대개 정부 개입은 단순히 하나의 현재의 사건으로 간주되고, 개입의 이유는 간과되거나 무시되곤 한다.

단언컨대 역발상의 법칙에 내재하는 주된 가치는 표면적인 효과들의 이면에 숨어 있는 진정한 원인을 들여다볼 수 있도록 해준다는 데 있다. 게다가 역발상의 법칙은 현재가 가까운 미래에 있는 변화의 전조라는 것을 늘 일깨워준다.

35장

어쩌면 약간 오래된 이론이 여전히 **유효**할지 모른다

The Art of Contrary Thinking

내 침대 가의 독서 테이블에는 대개 색다른 종류의 책이 놓여 있다. 몇 주 동안 내 곁에 놓여 있던 책 한 권은 에머슨의 에세이 『삶의 행위(The Conduct of Life)』이다.

자유주의적인 성향의 친구들이 '늙은 고집쟁이'라고 부르기도 하지만, 어쨌든 나는 새 책을 즐기는 만큼이나 옛날 저자들의 책에서 큰 기쁨과 자극을 얻는다. 고백컨대, 나는 현실주의적 보수주의자다. 나는 과거로, 보다 건전한 뉴딜식 사회 정치 이론 이전의 시대로 되돌아가고 싶다. 물론 그럴 수 없다는 것을 잘 알고 있지만 말이다!

여러분도 '부'에 관한 에머슨의 글을 다시 읽을 수 있는 기회를 반길 것이라고 생각한다. 지혜로운 미국인 에머슨은 "부는 고유의 견제와 균형을 달성한다"라고 말하며 다음과 같이 얘기했다.

정치 경제의 근간은 간섭받지 말아야 한다. 유일하게 안전한 준칙은 수요와 공급이라는 자기 조절 메커니즘에서 찾을 수 있다. 법률을 제정하지 말라. 쓸데없이 간섭하면, 규제 법률로 국가 발전을 막게 된다. 아무런 지원도 하지 않고, 평등한 법을 만들고, 목숨과 재산을 보호해주기만 하면, 더 이상 빈민구호품 따위는 필요 없을 것이다. 재능과 미덕에 기회의 문을 활짝 열면, 정의는 스스로 실현되고 재산이 악인의 손에 들어가는 일은 없을 것이다. 자유롭고 정의로운 국가에서는, 재산이 게으르고 멍청한 사람들로부터 근면하고 용감하며 노력하는 사람에게로 흘러간다.

자연의 법칙은 거래를 통해 작용한다. …… 사회의 가치 균형은 수요와 공급에 의해 해수면만큼이나 확실하게 유지된다. 조작적인 조치나 법률은 반발이나 공급 과잉, 파산 등으로 대가를 지불해야 한다…….

지면이 모자라기 때문에 더 이상 인용하지는 않겠지만, 에머슨의 에세이를 다시 찬찬히 읽어보기 바란다. 그는 늙은 고집쟁이라고 할 만한 그런 사람이 아니다!

책은 여러분에게 멋진 이야기들을 해줄 것이다. 위의 에머슨의 책에서부터 오래된 혹은 새로운 경제 서적은 여러분에게 그 동안 이어져온 많은 사상과 개념들을 접할 수 있게 해줄 것이다.

36장

경제에 관한 글에 나타나는 '중립주의'

The Art of Contrary Thinking

요즘은 단어에 '주의'를 붙이는 것이 유행이 된 것 같다. 그래서 나도 제목에 주의라는 말을 붙여보았다.

얼마 전에 『역발상에 관한 닐의 서한』의 독자가 되었을지도 모를 한 사람이 우리에게 정중한 편지 한 통을 보내왔다. 그는 두세 편의 『역발상에 관한 닐의 서한』을 읽어보았고, "약간 흥미롭지만, 나에게는 중립적인 것처럼 보인다……"고 말했다. 그는 이렇게 덧붙였다. "나는 좀더 명확한 것을 좋아합니다. 그래서 방금 말한 이유로 이번에는 당신의 『역발상에 관한 닐의 서한』을 구독하지 않을 생각입니다."

나는 역발상의 법칙을 설명할 때 이 글을 소개하곤 한다. 이 글이 경제에 관한 글과 관련하여 생각해볼 만한 중요한 점을 제시하기 때문이다.

누군가가 어떤 경제적 문제나 추세에 관해 글을 쓸 때, 독단적이거나 명확한 태도를 보이는 것은 간단한 일이다. 경제학자와 분석가의 말들을 수집·종합해서 결론을 내고 '견해'를 내놓으면 그만이다.

하지만 경제와 관련된 독단적 견해에는 심각한 결함이 있다. 여기서는 두 가지 결함을 생각해보자.

a) 어떤 주어진 경기 추세는 글을 쓸 당시에는 예측할 수 없는 경우가 대개다. 그렇다면 명확하거나 독단적인 견해는 아는 척하면서 추측한 이야기일 뿐이다.
b) 게다가 명확한 견해가 일반적인 견해가 되었을 때는 '저절로 틀리게 될' 가능성이 높다.

우리가 결론을 도출할 때 혼란스런 상황을 안타깝게 생각하는 것은 당연하다. 하지만 우리는 자주 혼란을 생각을 피하기 위한 핑계로 삼기도 한다. 실은 나는 역발상적으로 혼란에 중요한 가치가 있다고 생각한다. 불확실성과 혼란의 반대를 생각해보라. 바로 독단이다. 의사 결정의 중요한 실수는 내가 말하는 '혼란스런 고찰(confused consideration)' 보다는 독단적인 견해에서 더 자주 일어난다.

혼란스런 고찰이란 이런 것이다. 혼란과 불확실성의 상황에 처했을 경우, 문제를 머릿속에 집어넣고 문제의 다양한 조각들이 명확한 형태를 띠고 의미를 갖출 때까지 혼란스런 양상을 분류하고 솎아내보라. 그러면 점차 혼란과 불확실성이 사라질 것이다. 그 결과, 여러분은 어떤 주어진 문제에 대한 최초의 혼란에서 벗어나 철저한 사고 끝에 나온 해결책에 도달해 있을 것이다.

내 일은 역발상적 견해를 조사하는 것인데, 다음과 같은 식으로 진행된다. 우선 기존 추세에 관한 '명확한' 논평을 가능한 한 정확하게 측정한다. 이게 첫 번째 단계다. 그런 다음 반대의 가능성을 반추해보고, 독단적인 견해가 아닌 숙고된 견해를 내놓는다. (따지고 보면, 한 사람의 견해가 다른 경제적 관찰자의 견해보다 옳을 확률은 결코 높지 않다. 그러나 다른 사람의 견해를 논파하거나 그런 견해가 어떻게 틀렸는지 아는 것은 중요한 일이다.)

나는 역발상적 사고를 '생각의 출발점'으로 삼기를 좋아한다. 테이블 주위로 둘러앉아 경제 추세와 회사의 방침에 대해 논의하고 있는 어떤 회상의 경영진들을 상상해보라. 거기 역발상가가 있다면, 때때로 얘기에 끼어들어 이렇게 물을 것이다. "그 문제를 이런 시각에서 한번 생각해보셨나요?" 아니면 "신사 여러분, 여러분이 보고 있는 그 예측들이 틀렸다고 한번 가정해보십시오. 그렇다면 여러분은 어떤 제안을 하시겠습니까?" 이런 역발상적 검토는 무척 중요할 수 있다.

하지만 그냥 마음대로 경영진 회의에 가서 지지받지 못하는 주장을 내뱉을 수는 없다. 그렇게 한다면, 여러분은 다음 회의에는 초대받지 못할 것이다! 그렇다고 하더라도 역발상적 견해를 명확한 결론으로 내세우는 것은 대개 불가능하다(여러분이 진실한 사람이라면). 역발상은 '결론으로 도약하는 것'을 막기 위해 '도약하기 전에 생각하는 방법'이기 때문이다.

37장

비순응적인 사고

The Art of Contrary Thinking

대중 심리는 흥미진진한 연구 주제다. 여론의 극단적인 낙관주의와 비관주의에 대해 고찰해보자. 여러분은 특이한 인간 본성의 왜곡을 목격할 수 있을 것이다.

경기가 호황을 구가하고 '모든 사람들'이 명랑하고 낙관적이며 형편이 좋을 때는 아무도 현재 상황에 대한 비판이나 나쁜 소식을 들으려 하지 않는다. 사람들은 낙관주의를 즐기려 한다. 그들은 그들의 소망적 사고에 젖은 담요가 덮여지기를 원하지 않는다. 누군가 호황과 낙관주의의 시기는 언젠가는 끝나기 마련이고 조정기가 온다고 말하면, 그 사람은 '우울한 예언자'라고 낙인찍힌다. 사람들은 그에게 공손하게(또는 불손하게) 불행을 불러오는 입을 그만 닫으라고 말한다.

이것은 인간의 본성이라는 동전의 한 면이다. 경기가 안 좋은 때나 '나쁜 시기'에는 반대되는 심리가 사람들을 지배한다. 이럴 때 사람들은 불행을 충분히 즐기고 싶어 한다.

그들은 젖은 담요를 치워버리고 싶어 하지 않는다. 그들은 모든 것이 나쁘다는 믿음 속으로 빠져들어간다. 게다가 상황이 그대로 변하지 않을 것이라고 믿어버린다.

사고를 당시 우세한 추세의 틀에 맞추는 게 인간 본성의 변하지 않는 특징 가운데 하나처럼 보인다. 틀에 박힌 사고는 흔한 특징이다. 역발상의 기술은 간단히 '사고의 틀을 벗어나는 것'이라고 정의할 수도 있다. 사고를 할 때는 비순응주의자가 되어야 한다.

사고를 할 때 비순응주의자가 되어야 한다는 이런 생각은 좀 더 살펴볼 가치가 있다. 이런 식으로 하면, 여러분은 일상 생황에서 보다 만족할 수 있고, 보다 여유로운 사고를 할 수 있을 것이다. 여러분은 사건이 발생하고 추세가 역전되어도 낙담하거나 충격에 빠지지 않을 것이다. 왜냐하면 여러분은 무슨 일이 일어날지 미리 대비하고 있었기 때문이다.

비순응주의자들은 인생의 영고성쇠를 잘 알고 있다. 모든 것이 성할 때에 곧 모든 것이 쇠할 때가 온다는 것을 알고 있는 것이다. 또한 비순응주의자들은 영고성쇠의 강도나 기간에 대해서는 예측할 수 없다는 것을 잘 알고 있다. 따라서 정확한 '천장'이나 '바닥'을 알려고 하지 않는다. 그는 영고성쇠의 정확한 강도를 측정하려고 하지도 않는다. 신뢰할 만한 수단이 없다는 것을 알기 때문이다.

이런 철학을 실제적으로 적용하고 싶다면, 경기가 좋았다가 나빠질 때 혹은 나빴다가 좋아질 때 어떻게 대처할지 생각해두어야 할 것이다.

38장

사회·정치적 추세에 관해
좀 더 자세히 알아보면

The Art of Contrary Thinking

여러분도 알다시피 나는 사회·경제적 추세를 매우 중요시 여긴다. 사회·경제적 추세는 정지해 있지 않다. 정치적, 사회적, 경제적 추세는 진화하고 순환한다. 역사는 사회·정치·경제적 추세에서 성장의 요소와 순환적 특징을 동시에 보여준다.

이런 점에서 역발상가가 역사를 알아야 하는 이유는 추세 변화가 대중이 의식하기 전에 일어나기 때문이다. 또한 사회·정치적 조건이 순환하고 반복되는 때에도 (기억이 짧은) 보통 사람들은 '주기'를 깨닫지 못하고 '새로운' 조건이 전개되고 있다고 생각하기 쉽기 때문이다.

설명을 위해 글을 인용해보기로 하자. '프랑스는 어디로 가고 있는가? 유럽은 어디로 가고 있는가? 이것이 현재 모든 사람들의 머릿속에 있으면서 아직 답을 찾지 못한 문제다.' 이 글은 30년도 더 된 글이지만, 분명 오늘날의 문제를 반영하고 있다. 작가는 계속하여 이렇게 말한다.

우리의 정치적 지도자들이 자신의 입장을 밝힐 만한 때가 아직 오지 않았단 말인가? 대부분 매우 능력 있는 사람들로, 그들은 돛을 펴고 키를 단단히 잡고 있다. 그들은 불어오는 바람에 운명을 맡기고 있지만, 항구는 보이지 않는다. 그들은 피상적이며 사소한 현재의 사건들 너머로 먼 과거의 공간과 전경을 탐색해야 하지 않을까? 거기서 항로를 정해줄 '좌표'를 찾아야 하지 않을까? 하지만 신속한 변화가 지배하며 먹고 살기 바쁜 오늘날에 역사에 대한 주의 깊은 연구는 생각조차 하기 힘들다. 사태는 정말로 심각하다. 그 본질적 역할이 예측이라고 해야 할 정부는 미래를 내다보기를 거절하고, 정치적 역량에서 불안한 민주주의 체제는 다음번 선거에 대한 전망 정도에 만족하는 형편이다.

다소 긴 인용문이지만, 생각해볼 가치가 있는 글이다! 이 글은 1924~1925년에 써진 1927년에 바이킹 프레스에서 출간된 『정치적 신화와 경제적 현실(Political Myths and Economic Realties)』이라는 훌륭한 책에서 인용한 것이다. 저자는 프랑수아 들레지다. 내가 이 글을 인용한 것은, 오늘날의 추세가 과거의 추세에 영향을 받고 이전의 문제 – 해결되지 않았다면 – 가 더 확대된 형태로 생겨나 세계와 세계의 정치가들을 괴롭힐 수 있다는 사실을 말하기 위해서다.

들레지는 인간 사회의 발전이 세 가지 요소에 따른다고

주장한다. "영구적인 필요, 다양한 제도(이런 필요를 만족시켜줄), 이런 제도의 대중들이 향유하는 사상"이 그것이다. 이 세 가지 요소는 끊임없이 변화하며 '운동의 힘'을 구성한다. 운동의 힘은 이따금 '관성의 힘'과 충돌을 일으킨다(사람들이 변화에 반항하듯이). 다른 때는 운동의 힘이 대중 감정과 같은 방향으로 나아간다.

기본적으로 사람들은 안정과 안전을 원한다. 하지만 그들은 이런 사회적 '상수'를 추구하면서 불안정과 불안을 낳는 사회·정치적 '신화'와 기만에 굴복하기도 한다. 그러면 거꾸로 가는 길을 걷게 된다.

39장

현실적으로뿐만 아니라
인간적으로 생각하기

The Art of Contrary Thinking

여러분도 틀림없이 그랬을 것이라고 생각하지만 나는 한때 1950년에 출간된 작은 책에 깊이 심취했다. 바로 퍼디넌드 즈위그가 쓴 『경제학의 생각; 역사적 전망에 관한 연구(Economic Ideas; A Study of Historical Perpectives)』다.

즈위그의 견해는 주로 유럽적 시각에서 비롯되었다. 그는 한때 크라쿠프 대학교의 정치경제학 교수였고, 최근에는 맨체스터 대학교에서 학생들을 가르쳤다. 하지만 역사적 추세와 전망을 고찰하는 데는 바로 유럽적 시각이 필요하다는 게 내 생각이다. 왜냐하면 사상과 추세의 변화는 미국보다는 유럽에서 훨씬 일찍 형성되어왔고, 또한 우리는 경제 철학의 긴 역사가 없기 때문이다.

여러분은 아담 스미스가 뉴딜과 케인스 이론[케인스 경의 여러 영향력 있는 저작과 『고용, 이자, 화폐에 관한 일반 이론(General Theory of Employment, Interest and Money)』으로부터 비롯된]의 시대까지 우리의 자본주의 체제를 이끈 경제 철학의 아버지라고 주장할지 모르겠다. 즈위그의 책에서 가장 흥미로운 부분 중 하나는 케인스와 존 로의 화폐 이론을 비교한 곳이다. 아담 스미스가 유명한 『국부론(Wealth of Nations)』을 쓴 해가 제퍼슨이 우리 미국의 위대한 독립선언서를 작성한 해라는 것은 흥미로운 일이다.

대공황이 일어나기 전까지 여러분도 미국에서 '신사회주의'로 향한 지지 여론을 그다지 크게 관찰하지 못했을 것이다. 하지만 유럽과 영국에는 이미 반세기 이상 전에 좌익의 물결이 흘러 들어가 있었다. [앨버트 J. 노크가 서문을 쓴 허버트 스펜서의 『인간 대 국가(The Man Versus the State)』를 보라.] 노크가 언급했듯이, 스펜서는 "지난 세기의 하반기에 영국의 자유주의자들은 한꺼번에 국가주의 철학에 빠져들었다."

현재는 세계 전역에서(이곳 미국도 포함하여) 곧 보수주의로의 회귀 물결이 생겨나리라고 예측하는 사람들도 있다. 하지만 나는 그들의 낙관주의를 믿지 않는다. 전에는 보수적이었던 정당, 즉 공화당이, 1956년 투표자들에게 어떻게 호소했던가를 보면 민주당보다 훨씬 더 '자유주의적'이라는 생각까지 든다. (이 글은 1956년의 교서와 선거 운동 발표 전에 썼다.)

주제에서 너무 벗어난 느낌이 든다. 원래의 주제로 돌아가 다시 즈위그 얘기를 해보자. 그는 자신의 저서에서 경제학 저술가들이 "인간에 관한 연구에서 …… 그 마음을 지워버렸다"고 비난했고, 이어 이렇게 말했다. "결국 경제학은 인간에 관한 연구이며, 위대한 가능성을 품고 위대한 미래를 앞에 둔 매우 중요한 인간에 관한 연구다. 그 일부로 마음을 다루지 않는 한 인간에 관한 연구는 어떤 것도 성공할 수 없다."

나는 역발상의 유용성에 대해 생각하면서, 늘 인간적 접근 방식을 고려해야 한다고 생각한다. 현실적으로뿐만 아니라 인간적으로 생각하는 것은 중요하다.

40장

수박 겉핥기식 생각

The Art of Contrary Thinking

'견해들'을 분석해보면, 그런 견해들이 대개 사람들의 머리 바깥에서 비롯되었다는 것을 알게 된다. 피상적인 생각의 씨들은 어떤 사건이나 선전에 의해 뿌려지고, 거기서 다채로운 견해의 형태로 싹이 난다. 따라서 대중의 견해는 '사건들'을 이끌기보다는 좇는다. 대개 감정이 촉발되면서 변화하는 조건과 사회·경제적 양상이 일반화된 견해의 형태로 수용된다.

피상적인 사고는 수박 겉핥기식 사고라고 한다. 말 그대로 속으로 들어가지 못하고 '모든 사람들이 생각하는' 표면만 건드리는 생각을 얘기하는 것이다. 이런 식의 사고로는 어디에도 도달하지 못한다. 그저 그때그때의 양상을 좇을 뿐이다.

예컨대 호황기에는 희망적이고 낙관적인 생각들이 생겨난다. 불황기에는 침울한 생각과 비관주의가 팽배한다. 번영기에는 인간의 특징 가운데서도 탐욕, 희망, 감수성, 충동, 자만심, 소망적 사고가 커진다. 쉽게 믿는 성향도 빼먹지 말아야 할 것이다. 호황 때 사람들은 특히 쉽게 믿고 잘 속아 넘어간다.

경기가 침체되면, 다른 특징들이 사람들의 사고를 빼앗아 간다. 공포, 조바심, 우유부단함, 그리고 불신과 의심이다. 하지만 두 가지 동기 부여 요소 – 모방과 전염 – 는 '상수'다. 이 둘은 경기 순환 주기 내내 작용한다.

수박 겉핥기식 사고를 어떻게 피할 수 있는지 묻는다면, 나는 이렇게 대답할 것이다. "역발상적 접근법을 이용해야 합니다. 먼저 거꾸로 생각해보고, 그 뒤에는 더 깊이 들어가 보는 거죠." 로버트 P. 크로포드 교수라면 여러분에게 이렇게 말했을 것이다. "자신의 생각을 갖고, 도전하는 법을 배우시오." (지금은 절판되었을 것이라고 생각하지만, 크로포드 교수의 『스스로 생각하라(Think for Yourself)』는 훌륭한 책이다.)

지도자를 따른다는 식의 생각은 일상생활의 모든 분야에서 목격된다. 정치, 사회 문제, 패션, 사업, 도박, 시장 등. 군중은 조심하고 주의를 기울여야 할 때 가장 충동적이고 낙관적으로 변하며, 대담해져야 할 때 가장 무서워한다.

41장

"무엇이 미국 소비자들을 움직이게 만드는지 여전히 모른다"

The Art of Contrary Thinking

몇 년 전 우리는 잘못된 예측에 대한 글을 한 편 쓴 적이 있다. 그 글에서 우리는 역발상의 법칙에 관한 질문들에 답했다. 하지만 우리는 여전히 비슷한 질문들을 받는다. 언제 역발상적 사고를 해야 하는가? '역으로 생각하기 위해서는' 일반적인 견해가 어느 정도로 강력해야 하는가? 일반적인 견해는 어떻게 측정하는가? 등.

그때도 말했지만 다시 한 번 말한다면, 언제나 역발상적 사고를 제시할 수 있는 것은 아니다. 하지만 그렇다고 해서 너무 낙담할 필요는 없다. 경제학 분야 전체가 추측의 영역으로 남아 있기 때문이다. 경제(혹은 시장) 예측에서 정확성을 얻기 위해 오랜 세월 동안 이어져왔던 노력은 거의 아무런 결실도 이루지 못했다.

'대중 심리'가 다양한 미래의 전경이 펼쳐져 있는 창문을 열게 해줄 쇠지레 같은 도구라는 게 내 생각이다. 거듭 말하지만, 여러분은 세계의 모든 통계자료를 손에 넣는다 하더라도 여전히 사람들이 왜 어떤 식으로 행동하는지 모를 것이다.

따라서 어느 일요일 우연히 신문을 펼쳤다가 "최고의 심리학자가 미국 소비자들의 행동을 관찰하고 나서 무엇이 소비자들을 움직이게 만드는지 모른다는 사실을 인정했다"는 기사를 본다면 나는 당연히 고개를 끄덕일 것이다.

코넬 대학교의 교수 제임스 J. 기번은 말했다. "소비자로서의 인간은 여전히 현대 심리학의 이론을 교묘히 피해가고 있다. 가장 우둔한 소비자라도 그의 구매 행위를 조종한다고 생각한 가장 뛰어난 심리학자를 골탕 먹인 뒤 회심의 미소를 지을 수 있을 것이다."

전염과 모방이 두 가지 동기라는 사실을 생각해보면, 문제는 부분적으로는 해결되었다고 할 수 있다. 이 두 가지는 일반적으로 알려져 있는 것보다 '구매 행위'에 더 큰 영향을 미친다. 이것은 단순히 지갑의 문제가 아니라 정신과 정서의 문제이기도 하다.

역발상의 법칙은 여러분에게 천리안이나 예언력을 가져다주지는 않는다. 하지만 여러분은 현재의 일반적인 견해를 분석하고 사람들이 어떻게 반대로 행동할지 생각해볼 수 있을 것이다.

전염, 모방, 그리고 인간에 내재된 특징 – 탐욕, 희망, 공포, 자만심, 질투, 충동 등 – 에 영향 받은 견해들은 우리가 알다시피 종종 일변한다. 그러면 구매 의사가 전혀 없었던 사람들도 갑자기 이런저런 물건들을 사게 된다. (여러분 자신이 이런 비슷한 경험을 해보지 않았는가?)

42장

신중한 견해, 경솔한 견해, 감정적인 견해

The Art of Contrary Thinking

역발성의 법칙을 활용하고 해석하는 데는 어떤 상황에서 대중적인 견해가 형성되었는지 판단하는 것이 필수적이다. 견해는 생각이나 감정의 정도에 따라 다양하다. 어떤 문제에 대한 즉각적인 답변은 감정적으로 흥분한 집단 또는 군중에게서 나온 견해와 완전히 반대될 수도 있다. 또 신중한 견해는 이런 즉각적인 견해나 감정적인 견해와 매우 다를 수 있다.

즉각적인 견해에 관한 예는 내가 최근에 전해 들은 어떤 인터뷰 프로그램에서 찾을 수 있다. 이 인터뷰 프로그램에서 독일 학생들은 서베를린에서 사는 것이나 동베를린에 대해 어떻게 생각하는지 등에 관해 다양한 질문을 받았다. 그런 다음 인터뷰하는 사람은 그들에게 예민한 질문을 던졌다. "공산주의자들로부터 서베를린을 지키기 위해 싸울 의향이 있습니까?" 그룹 중 서너 명은 주저하지 않고 대답했다. "아니요." 그들은 실제로 이렇게 말했다. "우리는 베를린 때문에 전쟁에 나가지는 않을 거예요."

이 주관적인 답변 – 즉각적인 답변 – 은 단순히 그들의 감정, 전쟁에 대한 공포와 증오만을 반영하고 있다. 그것은 처참했던 제2차 세계대전과 소련의 독일 분할 점령 뒤 그들의 의식 속에 뿌리 내린 감정이었다.

전의는 환기된 감정이다. 다음과 같이 설명해보자. 정부는 전쟁을 원할 경우 돌아다니면서 조용히 사람들에게 전쟁을 하자고 요구하지는 않는다. 우선 '적국'에 대한 일련의 비난을 쏟아낸다. 선전 기구가 본격적으로 움직이면서, 침략자들에 대한 비난의 외침은 더 커진다. 사람들의 머릿속에는 무장을 하고 있는 위험한 '제국주의자들'의 이미지가 머릿속에 그려진다. 제국주의자들이 곧 그들의 집을 빼앗고 삶을 파괴하러 올 것이다.

다른 말로 하자면, 비열한 선전으로 또는 '적국(전에는 우호적인 교역 국가였을지도 모르는 나라)'에 대한 선전으로 증오를 불러일으키는 것이다. 감정이 고조되면, 대중은 실제로 전쟁을 원하게 된다. 그러면 정부는 어쩔 수 없이 전쟁을 해야 하는 것처럼, 국민이 전쟁을 요구하는 것처럼 행동한다.

'신중한 견해'에 관해서는 많은 이야기를 할 필요가 없을 것이다. 나는 여러분이 깊이 생각한 견해가 단순히 군중의 공포나 희망을 반영한 견해와는 다르다는 것을 잘 알리라 확신한다. 개인은 자신의 견해에 대해 철저히 생각하는 반면, 군중은 이성이나 추론보다는 감정적 견해에 이끌린다.

감정적인 그리고 경솔한 견해는 모방과 전염을 통해 널리 퍼진다.

43장
대중의 견해는 어떻게 형성되는가?

The Art of Contrary Thinking

대중의 견해가 어떻게 형성되는지 생각해본 적이 있는가? 수백만 명의 사람들이 일요일 아침 의자에 엉덩이를 붙이고 앉아 갑자기 하나의 견해에 도달하지 않는 것은 분명하다. 대중의 견해는 사람들의 머릿속에 뿌려지는 것이다. 그것은 때가 되면 싹을 틔운다.

나는 얼마 전에 이 문제에 대해 곰곰이 생각해보았다. 『뉴욕 타임스(New York Times)』의 이야기 하나가 내 관심을 끌었을 때였는데, 그것은 모스크바로 가기 전 영국의 맥밀런 총리에 대해 쓴 런던발 기사였다. 사실 영국 총리는 이때 연설에서 유화 정책을 강조한 적이 없었다. 하지만 『뉴욕 타임스』의 유명한 통신원 드루 미들턴은 다음과 같이 썼다.

맥밀런 씨와 가까운 소식통에 의하면, 그가 청년 보수당원들의 전국 대회에서 한 연설에서 유화 정책과 퇴각 정책을 언급한 것은 미국과 서유럽의 비판자들에게 답하고 영국의 여론을 알리기 위해서다……

이 기사는 대중의 견해가 대중의 머릿속에 뿌려진다는 주장을 뒷받침하고 있다. 이와 관련하여 공적인 인쇄물 가운데서 이만큼 인상적인 글은 찾아보기 어렵다.

우리 중 아무도 우리가 읽는 신문이나 잡지 등의 읽을거리에서 얼마만한 정도로 여론 형성을 위한 노력이 이루어지는지 잘 모른다. 신문과 잡지(그리고 사적으로 인쇄되는 '회보')는 수많은 시각과 견해들로 넘쳐난다. 그중 일부는 사실이지만, 많은 부분이 오해를 부추기거나, 거짓되거나 혹은 잘못되었다. 온갖 선전가들이 밤낮으로 등사기를 돌려 우리의 머릿속에 그들의 생각과 의견을 집어넣고 있다. 거대 통신사에 근무하는 한 논설위원은 우리가 읽는 뉴스의 90퍼센트가 선전·홍보 담당자, 선전 전문가, 대중에 영향력을 미치기 위해 고용된 전문가들에 의해 '조작된다'고 나에게 말해주었다. 그 숫자는 물론 과장된 것이 분명하지만, 상황은 독자들이 알고 있는 것보다 훨씬 더 심각하다는 것을 알아두어야 할 것이다.

조작된 뉴스에 관해 말할 때는 정부 기관을 간과해서는 안 된다. 워싱턴, 런던, 파리, 모스크바에서는 여론 구축 작업이 끊임없이 진행되고 있다.

에이브러햄 립스키 박사는 다소 긴 제목의 훌륭한 책 『꼭두각시 인간: 정신을 조종하는 기술, 즉 설득은 정부가 하는 일의

한 부분이다(Man The Puppet: The Art of Controlling Minds; Persuasion is Part of the Art of Government)』에서 이렇게 말했다. "여론을 형성하고, 국민의 생각을 미리 결정되어 있는 방향으로 이끄는 것이 지도자와 정치가의 일이다."

립스키 박사는 지금까지 내가 한 말을 확인시켜주면서 이렇게 덧붙였다. "대화에서 자주 들을 수 있는 이른바 대중의 견해가 여론 형성자들이 만들어놓은 것임은 잘 알려져 있는 사실이다." 그는 나아가 "공적인 문제에 관해 견해를 갖고 있는 사람들은 극히 소수에 지나지 않는다"고 말했다. 경제나 금융에 관해서도 우리는 똑같은 말을 할 수 있을 것이다. 대부분의 사람들은 주식 시장에서 그러하듯 금융·경제에 관한 견해를 귀띔, 조언, 어깨너머로 듣는 대화, 칼럼, 광고 그리고 '그들'이 뭘 하고 있는지 혹은 할 것인지에 관한 근거 없는 소문에서 얻는다.

이렇게 하여 견해들이 형성되고 널리 퍼지며, 전염이 신속하게 일어난다. 대중의 견해는 대개 근거가 빈약하고 시기적으로 적절치 못하기 때문에, 명석하고 정확한 사고를 위해서는 역발상이 필수적이라고 하겠다.

44장

읽고 논파하는 것이
역발상적 사고 방법이다

The Art of Contrary Thinking

빡빡한 돈이 있고 헤픈 돈이 있듯이, 엄격한 사고가 있고 엉성한 사고가 있다. 또 자금 부족이 있는 것처럼, 생각의 부족도 있다.

하지만 나는 진지한 역발상적 사고와 심사숙고를 배우는 데 오랜 시간이 걸린다고 하더라도 그것이 사고의 결함을 바로잡는 옳은 길이라고 확신한다. 역발상적 사고를 하기 위해서는 정신적인 훈련이 필요하다. 읽고 비판하는 훈련 말이다. 힘이 들지는 모르지만 그만한 가치가 있는 훈련이라고 생각한다.

열린 마음과 공백의 마음에는 커다란 차이가 있다. 열린 마음의 적극적인 자세는 어떤 생각 – 찬반을 떠나 – 이든 받아들여 결론을 낼 준비가 되어 있는 것이다. 열린 마음의 소유자는 싱거운 사람이 아니다. 반면 마음이 그냥 비어 있는 사람은 다른 사람의 생각과 의견을 그대로 받아들이고 나서 더 이상 조사해보지 않고 마음 편히 잠을 잔다.

나는 간혹 『역발상에 관한 닐의 서한』에 있는 이야기들이 명확하지 못하다는 소리를 듣는다. 이 점에 대해서는 이미 얘기를 한 바 있지만, 여기서 다시 한 번 해둘 필요가 있을 것 같다. 억지로 명확하고 구체적인 견해를 내놓으려 하면, 예상이나 추측은 훨씬 더 틀리기 쉽다. 그래서 소위 말하듯 '만날 틀리며 의심조차 안 하는' 상황이 되기 마련이다.

지난 30년 동안 경제와 월스트리트에 몸담은 경험으로, 나는 확신에 차고 구체적이며 독단적인 자세야말로 가장 해로운 습관이라는 결론에 도달했다.

여러분이 어떤 한 주제나 사건에 관해 확신에 차 있고 구체적이며 독단적인 태도를 갖는다면, 여러분은 그 문제에 대해 역발상적으로 사고할 수 없을 것이다. 그렇지 않은가? 한번 생각해보라.

역발상적 접근법의 가치는 반론에 있다. 반론은 독단적 견해를 막아준다. 추측에 대한 확신을 피하게 해주며, 무엇인가를 읽을 때 저자나 비평가의 사고를 논파할 수 있게 해준다. 마지막으로 반론은 다른 사람의 견해를 그대로 받아들이는 대신 자기 자신의 견해를 형성할 수 있게 해준다(그만큼 오판을 할 가능성이 적다).

나는 '투자 자문업'이 지난 몇 년 동안 형편없는 기록을 남긴 것은 항상 명확하고 구체적인 예측을 원하는 고객의 요구에 경제 전문가들이 굴복했기 때문이라고 생각한다. 이런 주장이 사실인지 아닌지 알고 싶은 독자는 『포천(Fortune)』지 1959년 10월호를 들춰보기 바란다. '주식 시장 정보: 성장 상황'이라는 기사를 읽어보라. 이 잡지는 예측을 틀리게 한 정보지들을 비판하는 것을 마치 자신의 본분인 양하지만, 『포천』 역시 잘못된 추측을 했다는 사실에 대해서는 모르는 척하고 있다. 잘못은 (1) 예측을 하고 싶어 하는 금융·경제 분야 저술가들의 그릇된 욕망에 있다. 이런 욕망은 한번 빠지면, 백약이 무효다. 독자들은 (2) 누군가가 경제나 시장의 추세를 정확히 그리고 일관되게 예측해주기를 바란다는 점에서 똑같이 잘못을 저지르고 있다.

45장

역발상의 법칙과 삼단논법

The Art of Contrary Thinking

　　　　　내가 감당하기에는 좀 버겁다는 생각도 있지만, 역발상의 법칙의 논리적 토대에 대해 얘기해보고자 한다. 역발상적 사고는 세 단계로 나눌 수 있으므로 삼단논법이라고 할 수 있겠다. 우리의 '공식'에는 논리학자보다는 철학자를 인용하는 것이 좋을 듯하다.

　내 생각에 정반합의 과정을 생각해낸 사람은 독일의 요한 고틀리프 피히테(1762~1814년)였다. 하지만 그것을 '영속적인 사고'의 철학적 체계로 발전시킨 것은 헤겔이다. 브리태니커 백과사전을 인용해보겠다. "모든 진리, 모든 현실은 세 가지 측면 또는 단계가 있다. 이것은 두 가지 모순적인 요소, 두 가지 부분적 측면의 통일이다. 이 두 가지는 흑백처럼 단순히 반대되는 것이 아니라 같으면서도 다른 것처럼 모순을 이루고 있다. 첫 번째 단계는 예비적인 긍정과 통일 단계이고, 두 번째 단계는 부정과 구별의 단계이며, 세 번째 단계는 최종적인 종합의 단계이다."

　이런 정반합의 공식을 역발상의 법칙에 적용하면, 다음과 같이 세 가지 단계를 제시할 수 있다.

A. 일반적인 견해(정)
B. 역발상 또는 회의적인 분석(반)
C. 결론(일반적인 견해와 반론의 합)

역발상에 대해 더 많은 것을 알아갈수록 내가 합의 개념에 충분한 주의를 기울이지 못했다는 생각을 하게 된다. 무슨 말인가 하면, 긍정에서 반론으로(일반적인 견해에서 역발상적 견해로) 갑자기 도약하는 대신 일반적인 견해와 반론의 부분들을 종합하는 것에 대해 생각해볼 필요가 있었다는 뜻이다. 일반적인 견해의 모든 요소가 틀리거나 시기적으로 적절치 못한 것은 아니며 옳은 측면이 있을 수 있는 것이다.

우리의 사고 과정은 다음과 같아야 한다고 생각한다. 우선 일반적인 견해에서 반론의 단계로 나아간다(아니면 긍정에서 부정의 단계로). 그 뒤 이렇게 하여 형성된 생각에서부터 다시 심사숙고하여 결론을 도출하거나 종합한다. 이런 식으로 우리는 일반적인 견해의 일부를 이루고 있는 '사실'을 부정하는 우를 피할 수 있을 것이다.

지나가면서 하는 얘기지만, 오랜 세월이 지나면 공산주의와 자본주의의 종합적 형태로 각각의 부분을 포함하고 있는 사회 체제가 나오지 않을까? 우리는 사회주의적 자본주의에 가까워지는 반면, 공산주의 국가는 자본주의적 사회주의에 가까워지지 않을까?

46장

"사회적 압력은 종종 순응을 낳는다"

The Art of Contrary Thinking

아서 D. 리틀 사라는 유명한 연구 기관에서 발행하는 『인더스트리얼 불리틴(Industrial Bulletin)』에서 최근의 어떤 실험을 소개했다. 이 기사는 이렇게 말하고 있다. "사회적 압력은 종종 순응을 낳는다. 개인의 결정은 다른 사람들, 환경, 집단 압력, 또는 선전에 의해 요구되는 것에 따라 여러 다른 때에 영향을 받는다."

여러분 중 일부는 『사이언티픽 아메리칸(Scientific American)』에 실린 보고서에서 솔로몬 E. 애시 박사가 이 실험에 관해 설명한 것을 보았을지 모르겠다. 애시 박사는 반대되는 집단의 견해가 한 개인의 판단에 얼마만한 영향력을 미치는가 측정하고자 했다. "보다 간단히 얘기하자면, 이 실험은 '합의의 공학(engineering of consent)'을 연구했다." (합의의 공학이라는 말은 에드워드 버네이즈가 편집한 최근의 어떤 책의 제목이기도 하다. 그 책에서는 '반론의 전략'을 설명하면서 역발상의 법칙을 이용하고 있다.)

실험은 이렇게 진행되었다. 7~8명이 육안으로 두 개의 커다란 흰색 카드에 있는 검은색 수직선의 길이를 비교한다. 하나의 카드에는 보통의 검은색 선이 그려져 있다. 하지만 다른 하나의 카드에는 세 개의 검은색 선이 그려져 있고, 그중 하나가 다른 카드의 선과 길이가 같은 선이다.

처음에는 쉽게 합의가 이루어진다. 하지만 그 뒤 한 사람(실험 대상)을 빼놓고 모든 사람이 사전에 약속된 대로 틀린 답을 내놓는다. 이제 다시 선의 길이를 맞춰봄으로써 피험자가 집단 의견의 압력에 얼마나 저항할 수 있는지 측정한다.

대다수의 의견에 맞서 피험자는 자신이 생각하는 바를 공개적으로 말해야 했다. 그를 제외한 대다수의 의견은 대개 틀린 것이었다. 각 실험에서 피험자 외의 대다수 집단은 18번 중 12번은 틀린 답을 내놓았다. 간략하게 결과를 요약해 보면, 실험 대상이 된 보통의 개인은 자주 확신을 잃었다. 사람들은 보통 1퍼센트도 틀리지 않았지만, 36.8퍼센트의 경우 집단의 압력 아래 견해를 바꾸곤 했다. 상당한 숫자다. 하지만 보고서는 또 이렇게 말하고 있다. "일부는 집단의 견해로부터 결코 자유로워질 수 없었으나, 그래도 피험자 중 4분의 1가량은 결코 판단의 독립성을 상실하지 않았다."

이것은 순응에 관한 흥미로운 실험으로, 역발상의 법칙의 효용을 확인시켜준다. 우리는 앞으로 역발상을 어떻게 활용해야 하는지 더 많은 것을 알아야 할 것이다.

47장

모멘텀

The Art of Contrary Thinking

　　　　　모멘텀이라는 주제는 여러분에게 일련의 생각들을 해볼 계기를 마련해줄 것이다. 여러분 가운데 많은 수는 모멘텀(운동량)을 역학의 정의에 따라 생각할 것이다. 사전에는 이렇게 나와 있을 것이다. 모멘텀은 움직이는 물체가 얻는 운동력으로, '질량×속도'에 비례한다. 모멘텀은 움직이는 물체가 운동을 유지하기 위해 필요한 힘을 나타낸다. 낙하하는 물체는 모멘텀이 증가한다. 공학에 너무 깊이 들어가는 것 같기는 하지만, 경제에서 우리가 관심을 기울이고 있는 것 역시 모멘텀이다. 모멘텀은 심리적 영향력에 의해 증가하거나 감소한다.

　심리학에는 웨버의 법칙이라는 것이 있다. 월터 피트킨은 현명하게도 이를 '심리학에 있어 수확 체감의 법칙'이라고 정의했다. 간단하게 그 의미를 보자면, 아래와 같다.

a. 자극의 강도(모멘텀)를 산술급수적으로 증가시키려면, 자극을 기하급수적으로 증가시켜야 한다.

b. 모멘텀(강도)을 유지시키기 위해서는, 자극을 일정하게 증가시켜야 한다.

게다가 자극은 지루해지거나 식상해지거나 짜증나게 하거나 유행을 지나거나 유효성을 상실할 수 있다. 그러면 강도가 약해지면서, 모멘텀이 약화된다. 사람들이 현금과 신용으로 무엇을 하는가가 경제에서 중요한 동력이라고 한다면, 우리는 다양한 경제적 상황에서 빠지지 않고 관찰해야 할 조건으로 이런 '모멘텀'을 생각해볼 수 있을 것이다.

예컨대 통화 관리자는 경기 순환의 커다란 진폭을 억제하거나 축소하기 위해 현금과 신용의 공급이라는 모멘텀을 관리할 수 있을 것이다. (은행 예금의 형태로 있는 모멘텀은 흔히 총매출액이라고 하는데, 한편으로 제품 회전율 – 판매액과 재고액의 비율 – 은 판매 모멘텀이라고 한다. 경제학에서는 이처럼 늘 '모멘텀'이라는 말을 만나게 된다. 경제학은 정적이지 않다. 경제학은 움직이는 '시스템'이다.)

뉴욕 연방준비은행에서 오랫동안 일한 경제학자 칼 스나이더는 자신의 뛰어난 저서 『창조자 자본주의(Capitalism The Creator)』에서 '경제학의 모멘텀과 관성이라는 요소'에 대해 명확히 설명했다. 그는 미국과학진흥협회에서 '경제학에 있어 모멘텀과 관성의 개념'에 관해 연설했다. 스나

이더가 보여주었듯이, "통화, 가격, 이윤, 진보와 관련된 문제 그리고 논쟁을 불러일으키는 다른 많은 문제에서" 줄곧 메커니즘이 작동하고 있다. 미국 성장의 모멘텀은 거의 방해를 받은 적이 없는 소중한 자산이다.

48장

창조적 사고에 대한 역발상적 접근

The Art of Contrary Thinking

얼마 전 시카고의 주스 코건으로부터 편지를 한 통 받았다. 그는 몇 년 전 창조적 사고 연구소를 설립한 사람이다. 연구소는 주로 산업과 관련된 문제를 해결하는 데 주력했지만, 한편으로 코건의 수많은 논문과 책을 출판해왔다.

내게 보낸 편지에서, 코건은 모든 역발상가들에게 흥미로울 만한 주장을 했다. 그는 최근 그들의 '접근법'을 재검토해보았다고 썼다. (그들은 그들의 문제 해결 방법을 '접근법'이라고 불렀다.)

이상과 같이 하나하나 열거한 접근법을 재분석하면서 나는 그 모두가 '반론'이나 '역발상'에 근거해 있다는 사실을 발견했습니다. …… 이상하게 들릴지 모르겠지만, 역발상적 사고는 창조적 사고의 달성을 위해 요구되며 실제로 지금까지 우리가 발전시켜온 모든 접근법에 내재되어 있습니다. 하지만 다른 사람들이 생각하는 식으로 생각할 때는 모방밖에 할 수 없다는 것을 깨달았을 때에야 그 사실을 분명히 깨닫게 되었습니다. '모방자'에게는 창조적 사고가 최소한으로 요구되겠지요.

다른 사람이 우리가 오래 전부터 역발상의 법칙에 존재한다고 생각해온 가치를 인정해준 것은 좋은 소식이 아닐 수 없다. 그래서 코건의 얘기를 여기에 좀 더 소개하기로 한다.

따라서 (창조적 사고에 관해 좀 더 언급하며) 창조성을 얻기 위해서는 어떤 변화가 필요하다는 결론에 도달했습니다. 여기서 좀 더 나아가 보면, 최상의 창조성은 최대의 변화에서 비롯된다고 추론할 수 있으며 …… 최대의 변화는 반대적 사고와 가까울 게 분명합니다.

코건의 생각은 여기서 한 발짝 더 나아간다.

어떤 사람은 우리 모두가 원하는 게 변화를 이루는 것이라면 혹은 극단적으로 말해 반론적 사고를 활용하고 싶어 하는 것이라면 왜 '접근법'이 필요한가 물을지 모릅니다. 나는 그 물음에 대한 대답으로 우리가 변화를 해야 하는 것을 아는 것만으로는 충분치 않다고 말하고 싶습니다. 우리는 어떻게 변해야 하는지 아니면 어떻게 반론적 사고를 활용해야 하는지 알아야 합니다. 우리의 접근법은 해결책에 요구되는 역발상적 혹은 반론적 사고를 할 수 있도록 사람들을 도와줄 것입니다. 사람들은 '접근법'을 통해 문제의 윤곽을 정확히 파악하고 손쉽게 창조적 사고로 나아갈 수 있을 것입니다.

49장

동기와 행동

The Art of Contrary Thinking

군중 심리에 관한 연구와 타르드의 『모방의 법칙』에서 배웠듯이 동기는 '오래된 철학적 문제'이다. 동기는 신념과 욕망과 공포(그리고 이와 비슷한 인간적 특성)에서 비롯된다. 동기는 모방과 전염을 통해 급속히 전파된다. 개인에서, 집단으로, 국민으로 퍼져나간다.

오늘날 여러분은 마치 새로운 것인 양 '동기 조사'를 강조하는 집단 연구('소비자 선호도'와 수많은 기업 및 광고 분석 문제로 확대된 연구)를 볼 수 있을 것이다. 하지만 새로운 발견은 벤담, 쿠르노, 멩거, 발라, 제번스, 가브리엘 타르드 같은 과거의 경제 철학자들에 의해 이미 논의된 것임이 밝혀질 것이다.

역발상의 법칙에서도 우리는 비슷한 문제를 만난다. 타르드는 동기를 측정할 수 있다고 주장했지만, 나는 수많은 '대중 견해들(동기에서 생겨나는)'을 본 결과 견해의 정도를 측정하는 것은 기껏해야 이론적인 추측밖에 되지 않는다는 것을 발견했다. 하지만 정량적인 측정이 필요하다는 것은 분명하다.

  어떤 견해가 받아들여지는 정도 – 견해가 얼마만큼 널리 퍼지고 얼마만큼 일반적으로 받아들여지는지 – 는, 반대되는 견해나 상황을 측정하거나 고려할 때 중요하다(추측에 불과할지라도). 물론 어떤 주제와 관련하여 대중 견해의 일반성에 대한 과대평가나 과소평가가 드물지 않게 일어난다는 것은 사실이다.

  하지만 이런 결점에도 불구하고 지금까지 계속되어온 잘못된 견해와 예측들(전쟁과 평화의 문제에서, 금융과 정치 문제에서)에 대해 알고 있는 사람들이라면 분명히 역발상적 고찰이 유용하며 깨달음을 줄 것이라는 데 수긍하리라고 생각한다.

50장

'심층 조작자'로부터 자신을 보호하라

The Art of Contrary Thinking

위에서 가브리엘 타르드가 동기에 대해 깊이 탐구했다는 사실을 얘기했고, 현대에 들어와 이 분야에서 어떤 방향으로 연구가 진행되는지도 간단히 언급했다. 잠시 이런 현대의 연구 방향에 관해 논의해보자.

선전은 '대중 견해' 분석에서 중요한 요소다. 교묘하게 만들어진 선전이 여론을 조작하기 때문이다. 다른 곳에서 우리는 '집단 사고', '순응', '회사 사람', '합의의 공학' 같은 문제에 대해 알아보았다.

현재 우리는 생각하기도 겁나지만 '사고와 욕망의 조작'을 목격하고 또 경험하고 있다. 나는 역발상적 사고가 심층 조작자들로부터 우리를 보호해줄 것이라고 조금도 주저하지 않고 주장한다.

이제 우리의 '숨겨진' 욕망을 파헤치고자 하는 현대의 학문에 관해 알아보자. '심층'이라는 단어의 사용을 가져온 이 학문은 바로 동기 조사다. 홍보나 광고 전문가들은 그들이 팔고 싶어 하는 것들(제품이든, 신념이든, 견해든 상관없이)

을 사람들에게 어떻게 팔지 연구하면서, '우리의 의식 수준 아래'를 파고든다(우리가 보지 않을 때 우리를 때리는 것이다). 이들을 숨은 설득자라고 부르자. 이 말은 매우 흥미로운 어떤 작가가 자신의 중요한 저작에 붙인 제목이기도 하다.

반스 패커드가 쓴 『숨은 설득자(The Hidden Persuaders)』는 우리에게 모든 것을 말해준다. 여러분도 꼭 읽어보기 바란다. 패커드는 이런 심층 조작자들이 여러분과 나를 어떻게 보는지 얘기해준다. "그들은 통상적으로 우리를 백일몽과 안개 뒤에 가려진 욕망, 복잡한 죄의식, 비이성적인 감정적 억제가 한데 뒤섞인 존재로 파악한다. 우리는 충동과 강박적인 행위에 맡겨진, 허상을 좇는 사람들이다. 우리는 얼핏 보기에 무분별한 변덕으로 그들을 괴롭히지만, 그들의 조종에 점차 순응하면서 그들을 기쁘게 한다. 그들은 상징과 기호를 조작하여 우리를 행동하게 만든다……." 간단히 정의하자면, "동기 조사는 어떤 선택을 할 때 사람들이 그런 선택을 하는 이유는 무엇인가를 알고자 하는 목적의 연구다." 시카고에 있는 어떤 관계자의 말이다.

패커드는 동기 조사라는 이런 학문에 관심을 기울이면서 "이런 심층 조작자들이 …… 설득의 힘을 얻기 시작했다"고 말한다. 그의 책은 우리가 생각하고 읽고 행동하는 데에 있어서 '역발상적 접근'을 활용하라고 권하고 있다. 『숨은 설득자』는 꼭 한번 읽어보기 바란다. (예컨대 책에서 여러분은 활기에 찬 여론을 유지하기 위해 어떻게 낙관적인 선전이 만들어지는지 볼 수 있을 것이다. '약간의 인플레이션'이라는 말은 얼마나 듣기 좋은가!)

51장

대중 최면

The Art of Contrary Thinking

대중 최면 같은 상황이 발생한다는 말이 과장처럼 들릴지 모르겠다. 하지만 군중이 정말로 최면에 빠진 듯한 경우는 역사적으로 수없이 많다.

물론 최면이라 할 때 정말로 모든 사람들이 잠에 빠진 상태에서 무의식을 통해 최면술사의 암시나 지시에 반응하는 모습을 상상해서는 안 된다. 그런 일은 일어날 수 없다. 하지만 선동가의 행위나 연설에 의해 종종 대중 히스테리가 발생한다. 사람들의 무리가 이런 지도자의 리더십에 반응하는 모습은 실제의 최면과 다를 바가 없다.

군중 행위에 관해 오랫동안 권위자로 인정받아온 르 봉은 지도자들도 대개 무리 중 한 명으로 시작했다고 썼다.

그(지도자)는 그전부터 추종해온 사상에 도취되어 있다. 그것은 그의 정신을 사로잡아, 그의 머릿속에서는 그 밖의 모든 것은 사라진다. 또한 그 사상에 대한 모든 반론은 오류나 미신으로 비쳐진다. 두드러진 예로 로베스피에르가 있다. 그는 루소의 철학 사상에 사로잡혀 심문과 탄압의 방법으로 루소의 사상을 퍼뜨렸다.

보다 최근의 역사에서는, 히틀러만한 예가 없을 것이다. 히틀러는 오랫동안 군중을 한손에 장악하고 있었다. 돌아보면 거의 믿을 수 없는 일이지만, 히틀러가 일종의 '최면술사'로서 권력의 정상에 올라 사람들을 지배했다는 것은 부정할 수 없는 사실이다. 그는 르 봉이 말하는 성공적인 군중의 지도자에게 필요한 자질을 모두 갖추고 있었다. "그들은 특히 병적으로 예민하며, 쉽게 흥분하고, 반쯤 미쳐 거의 광기의 경계에 있는 사람들에게서 나온다. 하지만 그들이 지지하는 사상이나 그들이 추구하는 목표, 그들의 신념이 너무도 강력하여 모든 이성이 그들에게는 소용이 없다는 사실은 얼마나 부조리한가……."

정도는 훨씬 덜 하지만, 대중 운동의 역사에서 다양한 방향으로 대중 최면이 작용한 사례를 볼 수 있다. 내 생각에, 대중 최면의 첫머리에는 유행의 변화에 대한 추종이 올 것이다. 그렇지 않다면 어떻게 수백만 명의 사람이 실제로 하룻밤 만에 새로운 스타일의 유행을 받아들일 수 있겠는가? 엘비스 프레슬리에 열광하는 젊은이들을 보라. 소녀들은 대개 옷을 비슷하게 입고, 소년들도 마찬가지다. 스타일의 유행은 모방과 전염의 사례에 좀 더 가깝다고 할 수도 있겠지만, 어떤 의미에서는 대중이 최면에 걸렸다고 할 수도 있다.

대중 최면의 형태를 통해 받아들여진 경제적 신념(그리고 환상)도 있다. 군중은 긍정과 반복을 통해 사상을 믿고 수용하게 된다. 설명하거나 증명하지 않고 거듭하여 말하기만 하면, 군중은 머지않아 여러분의 말을 믿게 된다. 많은 경제적 안정에 관한 잘못된 개념과 자유주의적 사상도, 이런 식으로 결국 보편적으로 '당연하게 받아들여지게 되는' 것이다. 최면에 걸리면 우리는 천년왕국도 믿게 될까?

52장

"대중은 시장에서 늘 틀리는가?"라는 질문에 대해

The Art of Contrary Thinking

이 질문은 역발상에 관해 얘기할 때면 되풀이해서 나오는 질문이다. 이런 질문이 나오는 게 당연하다. 왜냐하면 쉽게 돈을 벌 수 있다는 생각은 사람들을 기쁘게 하기 때문이다. 하지만 물론 대중이 시장에서 늘 틀린다는 생각은 옳지 않다!

주식을 굴리는 일만큼 힘든 일은 아마 세상에 없을 것이다. 주식으로 쉽게 돈을 벌려고 하는 사람들은 많지만, 정말로 돈을 버는 사람은 소수다. 대부분의 사람들이 실패하는 이유는 원래부터 돈을 버는 재주가 없기 때문이다. (1) 소수의 사람들에게는 원래부터 돈을 버는 재주가 있다. 이런 재주는 정말로 타고나는 것이다. 여러분에게 이런 재주가 없다면 아예 싹 다 잊어버리기 바란다. 내 생각에 세상에는 '돈을 버는 머리'와 그렇지 않은 머리가 있는 것 같다. (2) 한 가지 더 말하자면, 다양한 인간적 특징이 별 노력 없이 부자가 되는 유쾌한 길을 막고 있다. 공포, 희망, 탐욕, 소망적 사고 등의 감정적 약점을 말하는 것이다.

이제 여러분도 대중이 주식 시장에서 왜 그렇게 자주 틀리는지 알 수 있을 것이다. 하지만 위 제목의 질문에 대한 정확하고 일반적인 대답은 아래에 제시했다.

군중은 옳다고 절대적으로 확신할 때면 언제나 틀린다. 이 말은 약간 빈정대는 말처럼 들릴지 모르겠다. 좀 온건한 어조로 얘기하자면, 군중은 추세의 종점에서 틀리며, 추세가 진행중일 때는 대개 옳다.

대중은 추세(상승세든 하락세든)를 떠받든다. 주식 시장이 하락세일 때보다는 상승세일 때 좀 더 적극적으로 추세를 떠받든다. 예컨대 주가가 하락하면, 대중은 금세 기가 꺾인다. 하락세가 계속되면, 대중의 매도세가 커진다. 마침내 바닥 근처에서 '모든 희망이 사라지면' 사람들은 주식을 투매한다. 하지만 이때는 사실 매물을 사들여야 할 적기다.

누군가는 이 예를 보고 사람들과 반대로 행동한다는 간단한 공식을 만들면 쉽게 돈을 긁어모을 수 있으리라 생각할지 모르겠다. 하지만 돈을 벌기 위해서는 인간적 특성들을 잘 다루어야 한다. 인간으로서 지니는 특성들은 끈덕진 방해물이 될 것이다. 무엇보다 시장에서의 게임을 어렵게 만드는 것은 조급함이다.

53장

여론을 파악하고 측정하는 문제

The Art of Contrary Thinking

역발상의 법칙과 관련된 문제 가운데서 여기 제목에 언급한 문제만큼 해결하기 어려운 문제는 없을 것이다. (a) 우세한 일반 여론은 어떻게 파악하는가? (b) 여론의 우세도와 강도는 어떻게 측정하는가?

지난 세월 동안 많은 생각을 해왔지만, 나는 여전히 신문과 잡지, 그리고 수많은 정보지와 서한들을 보면서 여론을 측정하는 법(그리고 정확한 역발상적 결론을 이끌어내는 법)을 찾고 있다.

분명히 이것은 과학적인 방법이 아니며, 기껏해야 어떤 통신 친구가 말하는 '정신적 거울상'을 만들어내는 일에 불과할지도 모른다. 자신을 소수에 속하는 것으로 잘못 생각하면, 이에 따라 자신의 의견을 소수 의견으로 잘못 파악할 수 있다. 그러면 결과적으로 일반 여론을 자신의 역발상적 견해로 오인하게 된다.

나는 자신의 사고 체계(이런 표현을 감히 쓸 수 있다면)를 모든 말과 논의, 결론에 적용하기 위해서는 먼저 자신의 정신을 훈련시켜야 한다고 생각한다. 하지만 또한 우리는 우리의 정신적 약점을 인식하고, 사고를 할 때 이런 약점을 의식해야 한다. 나 같은 경우는 충분히 깊이 생각하지 않기 때문에 관련 추론을 놓치기도 하는데, 이를 막기 위해 생각과 견해를 되풀이해 숙고하곤 한다.

따라서 여론을 꼼꼼히 짚어보는 작업에서 여러분은 끊임없이 자신에게 이렇게 물어보아야 한다. 이게 정말로 일반 여론일까? 아니면 내가 '정신적 거울' 때문에 군중의 견해라고 잘못 판단하고 있는 것은 아닐까?

일반 여론을 파악하려 할 때는 저명한 기업가들이 생각보다는 믿음을 표현하기 쉬우므로 조심해야 한다. 그들의 얘기는 그들이 진실로 생각하는 바를 감추고 있을지도 모른다. 경영진이 대중을 잘못된 방향으로 이끌고 싶어 하는 것은 아니지만, 그들은 되도록 기업에 대한 좋은 인상을 심어주려 하는 것이다. 따라서 여론을 조사하면서 비과학적인 추측을 허용할 수밖에 없다. 정말로 답을 어디서 찾아야 하는 것일까?

54장

군중의 정신적 단결에 관한 법칙

The Art of Contrary Thinking

군중 행위라는 현상은 리틀록 인종 차별 문제에서도 잘 나타난다.[18] 비난과 욕, 군중 폭력, 집단 허세 등 리틀록 사태로 일어난 감정적 분출은 군중의 정신적 단결에 관한 법칙을 잘 보여준다.

군중심리에 관한 글에서 배웠듯이, 군중은 개인과 다른 특성을 지니고 있다. 말하자면 군중에서는 개인성은 사라지고, 집단정신이 형성된다. 르 봉은 『군중심리』에서 사람들이 모이면 "조직된 군중이 된다"고 말했다. "군중은 단일한 존재를 이루고, '군중의 정신적 단결에 관한 법칙'에 지배당한다."

군중이 이런 법칙 아래 놓이기 위해서는 집단에게 통일된 목적이 부여되어야 한다는 것은 굳이 말할 필요가 없을 것이다. 심리학적 입장에서 보자면, 수천 명의 사람들이 모여도 군중이 되지 않을 수 있다. 르 봉은 이렇게 설명한다. "군

---

[18] 1957년 백인 일색의 리틀록 센트럴 고등학교에 최초로 흑인 9명이 입학을 시도하면서 불거진 인종 차별 문제는 주 정부와 연방 정부의 대립 사태까지 낳았다.—옮긴이

중은 외부의 자극적인 원인에 내맡겨지고, 끊임없는 변화를 반영한다. 군중은 그들이 받아들이는 충동의 노예다."

리틀록 사태에서 보았듯이, 군중은 무엇보다 갈등을 낳는 문제에 내포된 감정의 정도에 따라 각성하거나 흥분하거나 동요하거나 광포해진다. 분명 인종 문제만큼 흥분을 일으키는 문제는 없을 것이다. 더군다나 리틀록 사태에서는 양 진영의 화합을 추구하기보다 법률 만능주의적 방법으로 문제를 해결하려는 시도가 이루어졌다. 르 봉은 이 문제에 대해서도 이렇게 우리에게 경고했다. "법률을 고친다고 해서 사상, 감정, 관습이 고쳐지지는 않는다."

불행히도 우리는 리틀록 사태에서 내가 '조급함의 재앙' 이라고 부르는 것을 보게 되었다. 이 감정적 군중 갈등은 군중 행위에 관해 전혀 알지 못하거나 아니면 단순히 결과에 상관없이 자신의 힘을 보여주고 싶어 하는 사람들 때문에 일어났다는 생각이 든다. 다른 말로 하자면, 우리는 이 사태에서 군중만큼 성급하게 행동한 개인들을 목격하는 것이다. 아니면 갈등하는 양 진영의 지도자가 각자 자기 쪽 군중의 정신적 단결에 참여했다고 할 수도 있겠다. 나는 주지사와 대통령이 이런 폭발적 문제를 다루는 데 필요한 침착함이나 신중함을 가지고 있지 않았다고 생각한다.

사람들이 역발상적 사고의 법칙을 알고 있었다면, 리틀록 사태는 그 단계까지 진행되지 않았을 것이다. 이 투쟁에서 많은 사람들은 불필요하게 편을 들고 감정적으로 논평과 사설을 써서 흥분을 전염·파급시켰다. 모든 중요한 문제에서 역발상적 사고가 필요한 한 가지 이유는 심사숙고를 통해 성급한 행동을 미연에 방지할 수 있다는 점 때문이다.

55장

역발상의 법칙은
예측 시스템이 아니다

The Art of Contrary Thinking

역발상의 법칙이 무엇인가 하는 문제로 더 이상 여러분을 귀찮게 하고 싶지는 않지만, 한두 가지 문제는 말하고 싶다. 다음과 같은 이유 때문이다.

1. 역발상의 법칙은 실제에서 활용 가치가 높고, '사고의 자극제'로서 상당히 유용하다.
2. 하지만 (내 생각에) 역발상에 관해 쓰거나 언급하는 다른 사람들은 대개(최근에는 더 자주) 역발상을 잘못 해석하고 있다.

며칠 전에 나와 친한 어떤 저자 한 명이 각 주기에서 두 차례 – 바닥과 천장 근처에서 – 만 역발상을 따르면 된다고 말한 적이 있다. 얼핏 보기에는 맞는 말 같다. 하지만 언제 시장이 바닥과 천장에 도달하는지 아는 사람이라면 경제 분석 이론 따위가 아예 필요하지도 않을 것이다!

역발상적 분석 이론이 유용한 것은 아무도 주식 시장이든 그 어떤 시장이든 순환 주기의 천장과 바닥을 정확하게 알 수 없기 때문이다. 역발상의 법칙은 예측 시스템이 아니다. 철저한 숙고를 통해 결론을 이끌어내는 사고의 한 가지 방법이다.

몇 달에 한 번씩 혹은 몇 년에 한 번씩 역발상의 법칙을 적용하여 갑자기 수많은 뛰어난 결정들을 할 수 있다고 생각한다면, 잘못이다. 어떤 결정을 하기 위해서는 신중하게 생각하고 많은 공을 들여야 하는 것이다.

역발상적 접근법을 활용하는 목적은 어떤 문제를 철저하게 생각해보거나 이로써 해결책에 대한 또 다른 새로운 접근을 하기 위해서다. 이미 말한 적이 있지만, 역발상적 사고는 심사숙고를 통해 성급한 행동을 미연에 방지할 수 있게 해준다. 오랜 경험에 따른 내 주장은, 어떤 행동을 할지 결정할 때는 항상 반대의 '각도'에서 생각해보아야 한다는 것이다.

역발상적 사고는 항상적인 습관이 되어야만 유용하고 효과가 있다. 한 사건에 대한 여러 가지 생각으로 혼란스러울 때 역발상을 마술처럼 모자에서 꺼낸다거나 점쟁이의 수정구슬처럼 꺼내 사용할 수는 없다. 그럴 경우 여러분이 충동적으로 역발상적 견해라고 생각한 것은 실제로 대다수의 견해와 똑같은 것이 되고 말 것이다. 다른 사람들의 생각을 자신의 생각으로 여기는 무의식적인 경향 때문이다.

역발상은 예측이 아니다. 다른 사람들의 예측을 조사하는 방법이다. 과거에 수없이 얘기했듯이, 역발상은 예측이 남발하는 현재의 상황에서 훌륭한 진정제가 되어줄 것이다.

56장

"왜 여러분은 생각한다고 생각하는가?"

The Art of Contrary Thinking

　　　　　　인공위성과 로켓이 우주 공간을 날아다니는 세상에서 – 보통 사람들이 이해하는 세상 너머로 – 우리는 이곳 미국에서 충분히 생각을 하면서 살아가고 있을까? 나는 그렇지 않다고 생각한다. 여러분은 어떤가?

　역발상의 법칙은 분명 사고의 한 가지 방법이다. 사실 '생각하는 법'에 관한 책은 많다. 나까지도 염치없게 이 『역발상의 기술』이라는 책을 썼던 것이지만, 어쨌든 나는 지금까지 생각에 대해 많은 얘기를 해왔으며 정말로 국가적으로 '소문'을 줄이고 사고를 강화할 필요가 있다고 믿는다. 내가 무슨 말을 하는지 알 것이다. 무슨 의문이 제기될 때마다 사람들은 이랬대 저랬대 하면서 남의 말을 하는 습관이 있다.

　에인 랜드의 놀라운 소설 『아틀라스(Atlas)』에서는 어떤 등장인물이 '왜 여러분은 생각한다고 생각하는가?'라는 글을 읽는 장면이 나온다. 이 인물의 정신은 사실 그때까지 복지국가 아래서 마비되어 있었다. 그는 다음과 같은 글을 계속 읽어나간다. "사고는 미개한 미신이며, 이성은 비합리적인 개념이다. 우리가 생각할 수 있다는 유치한 관념은 인류의 값비싼 실수다……." 다른 보석 같은 대화와 표현도 많다. 이 훌륭한 책을 놓치지 않기 바란다.

현대 교육에 관한 논의를 접할 때면 나는 종종 왜 학교에서 사고 방법을 가르치지 않는지 의문이다. "역발상" 역시 흥미로운 교과 주제가 될 수 있을 것이다.

여러분은 또한 다양한 '오류'에 대해 조사해볼 수도 있을 것이다. 통화 경제와 주식 시장을 주제로 한 논의의 오류들에 대해서는 수많은 책들이 출간되었다. 스튜어트 체이스는 13가지 '주요 오류 및 잘못된 추론 유형'을 아우르는 『직설적인 사고를 위한 지침서(Guides to Straight Thinking)』를 세상에 내놓았다. 시간을 내서 읽어볼 만한 책이다. 브리테니커 백과사전에서도 가치 있는 글을 찾을 수 있다. (하지만 누가 브리테니커 백과사전을 읽을 생각을 할까?)

57장

역발상적으로 사고하라. 우리의 운명이 하늘에 있다는 것을 부정하지 말자

The Art of Contrary Thinking

여러분은 로켓 시대가 되었다고 해서 생활방식을 크게 바꾸고 싶은 마음이 들지는 않을 것이다(투자에서 관해서라면 다르게 생각해보아야 할 테지만). 그러나 다른 사람들에게는 우리 앞에 있는 미지의 영역에 대처하기 위해 좀 더 '현명해지는' 것이 얼마나 중요한지 알려주고 싶은 충동을 느낄 것이다.

여러분도 스푸트니크 호가 우주로 발사되고 나서 우리의 교육에 문제점이 많고 러시아는 놀랄 만한 진보를 이루었다는 사실을 깨달았을 것이다. 얼마 전에 만찬 모임에 나갔는데, 마침 두 명의 중학교 교사를 만났다. 나는 그들에게 과학 시대에 맞게 학습을 향상시킬 수 있도록 교과 과정을 바꾸는 데 얼마나 시간이 걸릴지 물어보았다.

그런데 대답을 듣기도 전에 테이블에는 허튼 소리들이 튀어나왔고, 나는 그 때문에 거의 테이블 밑으로 얼굴을 집어넣어야 하지 않을까 생각했을 정도다! "우리가 잠수함이나 로켓을 얻으려고 빨갱이들처럼 독선적인 생각을 하면서 문화를 내버려야 한다는 건가요?" 뭐, 그런 식의 말들이었다. 마침내 나는 이렇게 물었다. "이 테이블에는 아무도 러시아가 무엇을 할지 두려워하지 않는다는 말씀인가요? 독선적인 생각을 가진 빨갱이들이 우리가 고급문화와 퇴보한 정신을 향유하고 있는 동안 우리를 절멸시킬지 모른다는 생각은 해보지 않는다는 것입니까?" 그들이 나에게 무슨 말을 했는지는 다시 말할 필요가 없을 것이다. 나는 그들에게 러시아의 선전에 속아 넘어간 얼간이에 불과했던 것이다.

역발상의 한 가지 시각은 특히 일반 대중(군중)이 거의 혹은 전혀 모르는 주제나 사건을 조사하도록 요구한다. 그전에 '통화'에 대해 연구하라고 하면서 내가 이 점을 어떻게 강조했는지 여러분은 기억할 것이다. 나는 사람들이 통화 경제에 대해 그리고 통화가 어떻게 경기 추세에 영향을 미치는지에 대해 아무것도 모른다는 점을 지적했었다.

이번에는 여러분에게 '과학적 사건'에 대해 알아두라고 권하고 싶다. 로켓을 어떻게 만들고 로켓이 어떻게 폭발물을 싣고 날아갈 수 있는지 알 필요는 없다. 하지만 다른 사람들이 우리 로켓보다 더 큰 로켓을 만들 수 있다는 사실을 알 필요는 있다. 게다가 그들이 그런 로켓을 그다지 주의 깊게 다루지 않을 수도 있다는 사실을 알아야 하는 것이다.

우리는 역사로부터 전쟁이나 국방을 위한 산업 생산 덕분에 나라의 발전이 말 그대로 몇 년간 앞당겨질 수 있다는 것을 배웠다. (제1차 세계대전 동안 대량 생산의 커다란 증가와 제2차 세계대전 당시 비행기 생산량을 생각해보라.) 성장, 쇠퇴, 정체의 곡선이 우주 시대를 맞아 놀랄 만한 변화를 겪으리라는 것은 분명하다. 내 생각에, 철도는 초과 고용과 임금 정책에 변화가 일어나고 더 많은 합병이 일어나지 않는 한 얼마 못 가 국유화의 운명을 맞을 것 같다. 이용 승객이 줄어들고 비용이 상승하는 어려운 상황에 처해 있기 때문이다. 하지만 안전과 생존을 위해 철도는 계속 남아 있어야 한다. 또 하나의 충격적인 변화를 예상해보자면, 언젠가 우리는 무이자 공채를 보게 될 것이다. 러시아와의 경쟁 그리고 생존에 대한 공포(감정적 요소가 끼어든) 아래 뛰어든 과학적 확장의 시대는 틀림없이 시간이 지나면서 추가적인 통화 혼란을 야기할 것이다. 그러면 무이자 공채(노골적으로 얘기하자면, 인쇄기로 찍은 증서)에 대한 요구가 커질 것이다. 역발상적으로 사고하라. 우리의 운명이 하늘에 있다는 것을 부정하지 말자.

58장

자본주의의 기본적인 요소, 수익력

The Art of Contrary Thinking

최근에 인플레이션에 대한 논의와 인플레이션을 보호하기 위한 성급한 시도 속에서 자본주의 기업의 기본적인 신조가 간과되고 있다. 자본주의 사회에서 성공의 근간은 자산과 개인의 수익력이다.

나는 큰마음을 먹고 이 주제에 관해 글을 쓰고자 한다. 많은 사람들이 믿는 것과 반대로 이것이 인플레이션에 관한 문제에서도 매우 중요하기 때문이다. 예컨대 인플레이션 헤지[19]에 대해 생각해보자. 흔히 생각하는 인플레이션 헤지 방법은 임대 가능한 주택(단독주택이든 아파트든)의 구입이다. 그래서 사람들은 주택을 담보로 돈을 빌려 주택을 구입하고, 앞으로 더 싼 달러로 대출금을 갚을 수 있다고 생각한다.

간단한 얘기처럼 들린다. 하지만 여기에는 함정이 있다. 급속한 인플레이션 때는 이런 완벽한 위험 분산 방법에 혼란을 야기하는 많은 일들이 일어나기 마련이다. 임대료는

---

19) 인플레이션으로 화폐 가치가 떨어지는 것에 대비해 부동산, 상품, 주식에 투자하는 일—옮긴이

유지보수 비용이 따라잡을 수 없을 만큼 빠르게 올리기 어렵다. 자산의 가격은 오르지 않고 내린다. 이익(수익력)이 줄어들기 때문이다. 인플레이션으로 인한 손실 외에도 손해나는 일이 생긴다. 담보 대출금은 낮은 수익력 때문에 점점 더 부담스러워진다. (여러분은 전보다 가치가 떨어진 돈을 번다. 그렇다고 단순히 인플레이션이라고 해서 돈이 저절로 많아지지는 않는다!) 실제 인플레이션 때는 분명 정부가 나서서 임대료의 상한선을 정함으로써 소시민들과 고정된 수입으로 사는 사람들을 보호하려 들 것이다. 세금은 끔찍한 부담이 될 것이다. 통화 가치가 하락하면서 국가가 더 많은 돈을 거두어들이려 하기 때문이다.

보통주는 이런 일을 어느 정도 아는 사람들 사이에서는 인기 있는 인플레이션 헤지 수단이다. (하지만 인플레이션 때는 주식에 돈을 넣어야 한다는 투자 원칙을 잘 알고 있는 젊은이들은 상대적으로 소수에 지나지 않으며, 또 다른 부류의 사람들에게는 아예 주식을 살 만한 돈이 없다.)

그러나 많은 주식은 곧 형편없는 투자 대상이라는 게 드러난다. 인플레이션 때는 이들 회사의 수익력이 떨어지기 때문이다. 수많은 회사들은 급속한 인플레이션에 파산한다. 이럴 때 투자 대상이 될 만한 주식을 고르기는 무척 힘들다. 프랑스와 독일의 인플레이션은 분산 투자 대상으로 국내주를 찾기는 쉽지 않다는 것을 보여준다. 급속한 인플레이션 때는 수익을 내기가 쉽지 않다는 사실을 알아두어야 할 것이다. 인플레이션이 오랫동안 계속되는 시기는 말할 것도 없다.

상품은 좋은 분산 투자 대상이다. 하지만 얼마나 많은 사람들이 상품을 보관해둘 시설을 갖추고 있을까? 통화 가치 하락으로 인한 손실과의 싸움에서 중요한 것은 자산과 개인의 수익력이라는 중요한 사실은 이미 알았을 것이다. 예컨대 부동산은 미래에 수익력이 커지지리라 판단되는 훌륭한 투자 대상이 된다(자유롭고 투명하게 공정한 가격으로 거래된다면).

59장

오늘날 자유주의자는
역발상가가 되어야 한다!

The Art of Contrary Thinking

오늘날의 잡지에는 자유주의자가 오려내 보관할 만한 기사가 많지 않다. 요즘 대부분의 글들은 내게는 좌편향처럼 보이거나 아니면 사과가 목적인 글처럼 보인다. 사과가 목적인 글이란, 강력한 우파적 주장으로 포문을 연 글들이 곧 목소리를 낮추고 결국 거의 사과하는 투로 끝을 맺기 때문에 하는 말이다.

따라서 1958년 9월 27일자 『새터데이 이브닝 포스트(Saturday Evening Post)』에 발표된 '과거의 교훈'이라는 에디스 해밀턴의 멋진 글을 보았을 때 내가 얼마나 기뻤는지 여러분은 충분히 상상할 수 있을 것이다.

기사의 골자를 보여주는 데는 한 단락이면 충분할 것 같다. 하지만 나는 우선 여러분에게 에디스 해밀턴이 그리스와 로마 문명에 관한 권위자였으며, 이에 관해 몇 권의 책을 썼다는 사실을 알려주고 싶다. 그중에는 『그리스인의 삶(The Greek Way)』과 『로마인의 삶(The Roman Way)』이 있다.

그녀는 91세의 나이로 우리에게 너무 늦기 전에 깨달음을 주는 글을 썼다. "사고의 세계로 들어가기 위해서는 교육을 받아야 한다"라고 말하며, 그녀는 아테네의 교육 방식이 대량 생산에 맞추어져 있지 않았다는 사실을 강조한다. 그리스는 모두가 본능적으로 한쪽 방향으로 달려가 곧 순응주의자들이 되어버리는 사람들을 생산하지 않았던 것이다. 소크라테스 시대의 그리스에는 역발상가들이 수없이 많았다. 오늘날 소크라테스가 거리에 나타나 길모퉁이에 서서 사람들에게 질문을 던지면 사람들은 얼마나 다양한 대답을 할 수 있을까? 이제 에디스 해밀턴의 글을 보여주겠다. 여러분들이 이 글을 오려 지갑 속에 넣고 다니다가 저녁 식탁에 함께 앉은 사람들에게도 보여주었으면 한다. 에디스 해밀턴은 이렇게 말했다.

지금 젊은이들이 우리의 경우보다 훨씬 더 심각한 문제에 직면해 있다는 게 말이 되는 얘기인가? 원자 시대를 앞두었다고 해서 지금 우리가 그리스인과 로마인이 야만의 시대에 어떻게 장엄한 문명을 일으켜 세웠는지 연구하는 것을 그만두는 것이 납득할 만한 일인가? 문명의 승리가 어떻게 끝났는지, 어떻게 태만과 유약함이 그들을 덮쳐 마침내 멸망의 길로 인도했는지 연구하는 것을 포기하는 것이 옳은 일인가? 그들은 자유보다 안전과 안락한 생활을 원했지만, 결국에는 그 모든 것 - 안전과 안락과 자유 - 을 잃어버리고 말았다. 이렇게 말하고 나서 그녀는 묻는다. "이것이 우리에게 도전이 아닐까?"

60장

경제학에 있어 외삽법의 오류

The Art of Contrary Thinking

외삽: 연속 또는 일치한다는 가정 아래 추론을 통해 탐구된 영역의 관찰 사실을 탐구되지 않은 상황에 투영하는 것 - 웹스터 뉴 컬리짓 사전

'외삽법'이라는 단어가 경제 전문가들과 경제학자들 사이에서 점점 더 인기를 끌고 있다. 그래서 여기서 역발상의 법칙과 관련하여 외삽법에 대해 알아보고자 한다. (나처럼 이 단어가 생소한 많은 사람들을 위해 제목 아래 정의를 소개해두었다.)

경제학과 구별되는 통계적인 외삽법은 실제로 유용하며 자주 사용되고 있다. (예컨대 출산율의 경우 일정 기간의 평균을 알면 미래에 적용할 수 있다.)

외삽법을 신뢰할지 여부는 거기에 인간적 요소가 개입되느냐 여부에 달려 있다고 해야 할 것이다. 사람이 뭔가를 결정할 때는 수많은 사건들에 의해 형성된 규칙적인 리듬을 종종 거스른다. 내 생각에, '군중 행위'에서 일어나는 일들을 근거

로 외삽을 한다면, 그것은 그저 추측이라고 할 수밖에 없다.

  수많은 예측(대다수의 예측이라고 단언할 수 있을 것이다)은 대개 현재에 일어나는 일을 미래에 투영함으로써 이루어진다. 오늘의 추세가 내일에도 그리고 다음 주에도 계속된다고 예상하는 것이다.

  경제 예측에서 외삽법에 의존하는 것은 분명 잘못된 일이다. 잠시 멈춰 서서 다음의 사실을 생각해보라.

  어떤 순간에 일어나는 일은 외삽된 추세와 반대되는 일의 원인이 될 수도 있다. 정말로 경기 순환에서는 이런 일이 일어난다. 호경기는 불경기를 불러오고, 불황 뒤에는 호황이 찾아온다.

  내가 이 글을 쓸 마음을 먹은 것은 중서부에 있는 어떤 큰 대학교의 경영대학원 교수로부터 편지를 받고 나서다. 나는 그에게 젊은이들이 대체로 역발상의 법칙에 관심이 없다는 글을 쓴 적이 있다. 그러자 그는 이렇게 답해왔다. "물론 기본적으로 젊은이들은 낙관적인 생각을 갖고 있어요. …… 그리고 현재의 활력을 쉽게 미래로 외삽하는 경향이 있죠. 젊은이들은 사회를 자기 자신들의 연장으로 보기 때문에 침체와 하강의 시기를 마주할 준비가 되어 있지 않은 거예요." (그가 젊은 경영대학 학생들과 날마다 접촉하면서 얻은 흥미로운 관찰이라 하겠다. S 박사에게 다시 한 번 감사한다.)

　위의 글에는 곰곰이 생각해볼 만한 것들이 많다. 그렇지 않은가? 우선 앞으로 회사의 경영자가 될 젊은이들이 총체적인 불경기를 경험한 적이 없다는 것이다.

61장

미래를 내다보는 법

The Art of Contrary Thinking

'나는 미래에 대한 우리의 예측이 왜 부정확한지 설명할 수 있다고 생각한다. 나는 더군다나 이에 대한 해결책도 있다고 생각한다. 이제 미래에 대한 사고 방법을 알려주는 닐 시스템에 대해 설명해보자.

현재 일어나고 있는 일이 똑같은 식으로 반복될 것이라는 가정이 미래를 내다보는 흔한 방법이다. 그렇지 않은가? 이미 얘기했듯이, 이런 방법을 외삽법이라고 한다. 외삽법은 이해하기만 한다면, 꽤 가치 있는 단어임을 알 수 있다. 다음 그림에서 알 수 있다.

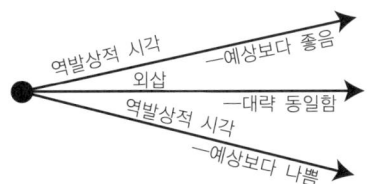

외삽법은, 쉽게 말하면 현재 존재하는 조건에 따라 미래를 예측하는 방법이다. (아니면 238쪽의 정의를 보라.) 닐 시스템은 다음과 같이 3단계로 구성되어 있다.

1. 외삽법을 통해 미래를 가정한다. (예컨대, 주식 시장이 현재 상승 추세이면 계속 상승 추세가 이어질 것이라고 생각한다.)
2. 현재의 추세대로 계속 진행될 것이라는 생각에 충돌하거나 반대되는 모든 조건이나 상황들을 생각나는 대로 모두 고려해본다. (예컨대, 상승세면 하락세로, 하락세면 상승세로)
3. 세 번째로, 추세를 현재보다 큰 폭으로 증가시킬 수 있는 동기나 사건, 상황에 대해 생각해본다. (예컨대, 1959년 1월 초에는 모든 것이 적당히 잘 돌아갈 것이라는 가정이 일반적이었다. 따라서 이에 대한 역발상은 경기가 예상보다 훨씬 좋아지리라는 것이었다. 현실은 역발상적 사고를 따랐다.)

많은 역발상적 견해 가운데 어떤 것을 따라야 할지 모르기 때문에 이런 닐 시스템이 그다지 도움이 되지 않는다고 말할지도 모르겠다. 그렇다면 나는 이렇게 노골적으로 말할 것이다. "그 때문에 당신에게 머리가 있는 것이다. 길이 갈라질 때 어떤 길을 가야 하는지는 스스로 머리를 써서 택해야 한다. 막다른 곳에 다다르는 길을 택하지 않도록 여러분은 충분히 영리해져야 할 것이다." 어쨌든 닐 시스템으로 여러분은 머리를 써서 뇌 기능이 저하되는 일을 막을 수 있을 것이다.

62장

역발상에 실질적인 **목적은** 없는 것일까?

The Art of Contrary Thinking

글을 쓰다 보면, 종종 역발상의 법칙이 얼마나 유용한지 말하고 싶은 욕망을 참기가 힘들 때가 있다. 사람들은 책만큼 경험으로부터 많은 것을 배운다. 그리고 무엇보다 어떤 주제에 관해 글을 쓰고 또 가르칠 때 가장 많은 것을 배운다.

나는 1940년 이후 역발상의 법칙이라는 주제에 관해 글을 썼고, 그전에도 금융이나 경제의 인간적인 측면에 관심을 갖고 연구하거나 활동했다. 나의 관심을 끈 것은 언제나 차가운 통계적 평가보다 우리 인간의 우행과 미망이었다. 잘 알려진 1929년의 대공황과 창문에서 뛰어내려 자살을 하던 시기는 숙고해볼 만한 많은 소재를 제공한다.

사람들은 종종 역발상의 법칙에 대해 한 가지 큰 실수를 범한다. 역발상의 법칙을 예측 도구 내지 시스템으로 생각하는 것이다. 하지만 사실을 말하자면, 역발상의 법칙은 오히려 무분별하고 헛된 예측에 대한 교정 수단이다. 역발상의 법칙을 받아들이면, 예측할 없는 것을 예측하는 우행을 막을 수 있다.

기본적으로 역발상의 법칙은 스스로 질문을 하는 습관을 요구한다. 이런 질문들이다. "반론이 옳다고 가정해보자. 그렇다면 어떻게 될까?", "어떤 사람은 이렇게 말하고, 어떤 사람은 저렇게 말하는데, 또 다른 가능성은 없을까? 지금 당장 생각나지는 않더라도 말이다.", "군중은 보통 어떤 열풍이나 추세의 초기에는 옳지만, 시간이 오래 지나 '종점'이 가까이 오면 틀린 입장에 서게 되는 게 아닐까?"

역발상은 현재의 일반적인 생각이나 견해에서 시작된다. 하지만 대중 여론이 바뀌면, 당연히 우리도 또 다른 역발상적 추론을 끌어내야 한다. 여론과 대중의 변덕이 새로운 사건이나 상황에 따라 이리저리 변할 때는 일관성을 지키는 것이 불가능하다.

어떤 한 독자로부터 온 편지를 보면, 그는 언제나 확신에 차서 반론을 내세운다고 했다. 하지만 하나의 여론이 형성되지 않고 여러 가지 견해가 교착 상태에 빠져 있을 때는 의견을 보류할 필요가 있다. 나 같은 경우는 독단적 견해에 지나치게 반대하는 경향이 있지만, 어쨌든 지나친 확신은 건전한 태도가 아니다.

63장

정신을 유연하게 하는 법

The Art of Contrary Thinking

역발상적 사고는 정신을 유연하게 하는 가장 좋은 방법 중 하나다. 여러분도 한번 해보기 바란다. 다 알겠지만, 고등학교나 대학교 야구팀에서는 코치가 내야로 공을 굴려주면 내야수들이 공을 받는 연습을 한다. 이런 연습은 선수들이 실제로 달리고 치고 아웃시키고 실책을 범하는 진짜 경기에 들어가기 전에 몸을 풀기 위해 한다.

여러분도 같은 식으로 정신을 유연하게 풀 수 있다. 이런저런 생각을 떠올리는 식으로 말이다. 하나의 생각은 또 다른 생각으로 이어지고, 계속 생각들이 이어진다. 많은 창조적인 아이디어는 이런 식으로 탄생했다. 역발상적 사고를 하면 이런 게임이 훨씬 더 흥미로울 것이다. 정반대의 시각에서 보면, 새롭고 신선한 생각들이 쏟아질 것이다.

다음에 해결해야 할 문제가 생긴다면, 배팅 볼을 하듯 가볍게 정신을 풀어보라. 모든 반대의 각도에서 생각들을 떠올려라. 적절한 해결에 필요한 정보를 얻는 데는 이만한 방법이 없을 것이다.

64장

돈을 버는 머리와
돈을 쉽게 벌려는 섣부른 **충동**

The Art of
  Contrary Thinking

      1961년 4월호의 『코즈모폴리턴 (Cosmopolitan)』에 실린 한 기사는 내가 그 동안 즐겨 논의해왔던 주제를 다루고 있다. 책만 읽어서는 성공할 수 없고 머리를 써야 한다는 주제다. 그것은 또한 역발상의 법칙이 가르치고 있는 바다.

 위에 언급한 기사의 제목은 '책을 읽으면 부자가 될 수 있을까?' 이다. 기사의 사진(한 장은 커다란 총천연색 사진)에서는 수많은 책들을 볼 수 있는데, 모두 최근에 간행된, 주식, 부동산, 상품 판매로 큰돈을 버는 방법에 관한 책들이다. 재고(再考)의 미덕이 없었더라면, 아마 거기에는 내 이름이 붙은 책도 있었을 것이다. 어떤 유명한 출판업자가 예전에 내게 '돈을 버는 머리'에 관한 책을 써달라고 한 적이 있다. "재고의 미덕이 없었더라면"이라고 했듯이, 나는 처음에는 그 제안을 받고 책을 써볼 생각을 했다. 하지만 작업을 준비해볼까 하는 마음에서 종이에 몇 가지 단상들을 적자 금세 안 되겠다 싶은 생각이 들었다. 그런 책은 돈벌이를 위한 책이 될 게 분명했다. 내 돈벌이를 위한 책 말이다. 사람들이 책을 읽고 책이 시키는 대로만 하면 쉽게 부자가 될 수 있다고 착각하게 만들 수는 없었다. 그래서 나는 제안을 물리치고, 메모를 파일에 보관해두었다.

성공에 관한 책은 지난 두 차례의 상승장 후 특히 수요가 커졌다. 나는 며칠 전 어떤 가판대 주인이 금융 서적과 주식 관련 책이 너무 잘 팔려 재고가 없을 지경이라고 했다는 얘기를 들었다. 하지만 그의 기억으로는 10년 전만하더라도 그런 책들은 선반에서 치워지는 법이 없었다고 한다. 1951년과 1961년이 그렇게 다른 것이다.

『코즈모폴리턴』의 기사를 자세히 살펴볼 만한 지면은 없지만, 우리가 어쩌면 부자 열풍에 가까이 온 것은 아닌가 하는 그 기사의 시의적절한 암시적 경고는 새겨볼 만한 가치가 있다고 하겠다. (이런 부자 열풍은 실망 그리고 얇아진 지갑과 함께 끝날 수도 있다 – 실제로 1962년 5~6월에 그런 결과가 발생했다.)

이제 돈을 버는 머리와 돈을 쉽게 벌려는 섣부른 충동이 어떻게 다른지 간단히 설명해보겠다. 돈을 버는 머리란 소수의 사람들이 태어날 때부터 가지고 있는 정신적 자질로, 그들은 이런 자질 덕분에 본능적으로 모든 대화, 모든 노력, 관계된 모든 거래에서 돈이 되는 측면을 생각한다. 반면 보통 사람들은 돈을 쓸 때나 쓰려고 계획할 때, 아니면 새로운 일자리나 계약을 앞두고 있을 때 외에는 돈에 대해 거의 생각하지 않는다.

돈을 버는 머리가 있는 사람은 끊임없이 돈을 벌 수 있는 방법을 찾는다. 이런 사람은 또한 대개 시각이 균형 잡혀 있기 때문에, 무모한 시도로 돈을 날려버리지 않는다. 그는 돈의 측면에서 철두철미하게 생각한다. 이익뿐만 아니라 손실의 가능성까지 고려하는 것이다. 그는 성공에 대한 가능성의 관점에서 리스크를 계산한다.

요즘 – 1961년 4월 – 에 보듯, 이따금 수천 명의 사람들이 갑자기 부자 열풍에 휩싸이기도 한다. 이런 바이러스는 주변에 있는 모든 사람들이 돈을 얼마 벌었느니 떠들어댈 때는 특히 걸리기 쉽다. 하지만 누구의 경우도 마찬가지로 배경과 경험이 쉽게 돈을 벌려는 섣부른 충동을 정당화해주지는 못한다. 돈을 버는 머리는 훈련된 머리인 반면, 섣부른 충동은 돈에 대한 감각의 상실에서 나오는 것이다. 돈을 버는 머리가 있는 사람은 역발상적 사고로 충동적 행위를 막는다.

65장

공산주의자들은 역발상의 법칙을 실천하고 있다

The Art of Contrary Thinking

공산주의자들은 역발상적 사고와 행동의 실천 면에서 탁월하다. 장기화된 투쟁의 전략 내에서 보여준 그들의 지그재그 전술은 '역발상적 행동'의 훌륭한 예다. 그들은 성공적으로 목적을 달성했다고 하겠다. 하지만 이제 서구 국가들이 그들의 역발상적 전술을 알았으므로 그들의 행동을 좌절시킬 수 있다고 생각하는 사람도 있을 것이다.

공산주의자들의 행동을 관찰해보면, 그들은 동구·서구 관계에 문제가 발생할 경우 죽치고 앉아 서구가 취할 수 있는 가능한 모든 조치를 생각해낸 다음 가능한 모든 대응 조치나 절차를 찾아낸다는 것을 알 수 있다. 그들은 전장에서 벌이는 전술도 비슷한 원칙을 따른다. 그들은 적이 예상치 못한 곳으로 움직이고 예상치 못한 일을 한다.

우리 서구인의 변치 않는 습관 하나는 현재 일어나는 일이 비슷한 식으로 '내일 그리고 그 다음날'에도 계속 일어나리라고 가정하는 것이다. 변화를 예상하는 것이 우리에게는 가장 힘든 일이다. 예상되지 않는 일을 예상하는 것은 거의 불가능한 일이다!

흐루시초프가 두세 차례의 공식석상에서 공격적이고 고압적인 자세를 취했다면, 그가 다음번에도 똑같이 비열하게 굴 것이라고 당연히 예상해야 할 것이다. 하지만 우리는 다른 사람들을 다룰 때 늘 전과 똑같은 식으로 다루는 경향이 있다. 우리는 보편적인 예절로 그들을 대하는 것이다.

우리는 이 장기화된 투쟁에서 우리의 적이 우리처럼 행동하지 않고 우리의 예상대로 행동하지도 않을 것임을 인정해야 한다. 우리는 냉전에서 진정으로 이기기를 바란다면, 그들의 역발상적 전술에 대처해야 한다.

윌리엄 트로터의 『평화와 전쟁 시의 집단 본능』은 1916년에 최초로 출간되었는데, 이 책에는 이렇게 써 있다. "인간의 암시는 흔히 생각되어온 비정상적인 우연적 현상이 아니라 모든 개인에 존재하는 정상적인 본능이다……."

트로터는 인간의 군거성을 강조하고 이런 특성이 인간을 잘못된 길로 인도한다고 했다. "보통 사람의 정신을 조사해 보면, 매우 다양하고 복잡하며 어려운 주제들에 관한 수많은 판단들로 이루어져 있다는 것을 알 수 있다." 트로터는 이런 (널리 퍼진) 견해들이 이성적인 근거가 없는 게 틀림없다고 주장한다. 많은 것들이 해결되지 않은 문제와 관련되어 있기 때문이다. "반면 나머지의 경우는 훈련과 경험으로 보통 사람도 이에 대해 아무런 견해를 가지지 않을 수 있다. …… (따라서) 이런 비이성적인 신념의 완전한 수용은 정상으로 간주되어야 한다." 우리는 여기서 역발상의 가치를 찾을 수 있을 것이다.

66장

옳은 말이나 생각은
그림 천 장을 대신한다

The Art of Contrary Thinking

여러분은 이런 말을 자주 들었을 것이다. 한 장의 그림은 천 마디 말의 가치가 있다. 중국 철학자들의 말이라고 하는데, 어쩌면 미국의 차이나타운에서 만들어진 얘기인지도 모른다. 많은 근사한 말처럼, 이 말은 그림이나 말이 모두 그만한 가치가 있을 때 해당되는 얘기다. 보통은 틀린 말이다.

주가를 예측하기 위해 차트를 분석하는 많은 사람들은 차트 한 장이 분석과 통계에 관한 천 마디 말만한 가치가 있다고 생각한다. 이 말을 좀 비틀어보고 싶은데 독자들은 양해해주기 바란다. 나는 이렇게 말하고 싶다. "괜찮은 연줄은 천 장의 차트만한 가치가 있다."

괜찮은 연줄 - 월스트리트의 유력자들과 연결되어 있는 사람 - 을 알고 있으면 천 장의 최신 차트를 보는 것보다 훨씬 더 유익하다. 지난 몇 년 동안 월스트리트를 환하게 밝힌 투기의 불꽃놀이를 목격했던 사람이라면 누구든 그 사실을 인정할 것이다.

서둘러 덧붙이자면, 물론 나는 차트 분석이라는 유용한 방법을 부정할 생각이 전혀 없다. 차트는 그 나름대로의 가치가 있다. 특히 선입견이나 귀띔, 소문에 영향받지 않게 해준다. 하지만 내가 걱정하는 것은 모든 것을 차트에 의존하는 태도다. (나는 보스턴 콩그레스 가 211번지에 있는 증권연구단체로부터 정기적으로 훌륭한 차트 책을 받아보고 있다. 이곳은 주별 및 월별 가격 변동 자료 외에 수익 곡선과 금융 자료를 사람들에게 제공하고 있다.)

어떤 운동 또는 방식이 유행하기 시작하면, 전염이 일어나고 곧 군중이 이를 따른다. 그러면 역발상가들은 프랜시스 베이컨 경의 충고를 기억해야 한다. "무엇이든 믿기 전에 먼저 의심하라! 우상을 경계하라!" 주가가 근래 고공행진을 하면서 차트 분석은 정말로 우상적인 소일거리가 되었다. 차트에서는 주가가 껑충껑충 뛰어다니는 모습이다. 그리고 벼락부자가 되는 법을 가르치는 니콜라스 다비스의 책 (현재 페이퍼백 판까지 나온)은 차트 분석의 요란한 상업 광고나 다름없다. 내가 2주 전에 신문 칼럼에서 말했듯이, 차트를 가장 많이 사용하고 있을 때가 여러분이 차트 사용에 가장 신중해야 하는 때다.

원래의 얘기로 되돌아가보면, '괜찮은 연줄'을 잡기는 쉽지 않다는 것은 나도 인정한다. 하지만 충분한 관심만 있다면, 돈이 되는 연줄을 어떻게든 찾아낼 수 있다. 내가 아는 어떤 친구는 필요하다 싶으면 주저하지 않고 전화기를 집어 들어 멀리 떨어져 있는 도시의 회사 사장에게 전화를 걸고 솔직하게 물어본다. "상황이 어떻죠?" 물론 이런 식으로 질문하는 그 친구는 이미 그 회사에 대해 조사하고, 회사의 전망을 예측해보고, 재정 상황을 알아놓는다. 요컨대 그는 되는대로 행동하는 것이 아니라 충분히 알아본 다음 행동하는 것이다. 그가 발견한 바에 따르면, 두드러지지 않은 조직에서 일하는 임직원들은 회사의 주가에 대해 진지한 관심을 갖고 있는 사람과 사업에 얘기를 나누는 것을 대개 기뻐한다.

이와 비슷하게 여러분도 관심을 두고 있는 회사의 책임자들에게 직접 전화를 걸어 대화를 나눌 수도 있을 것이다. 또 다른 내 친구 한 명은 주식 구매를 고려하고 있거나 아니면 주식 공개가 있겠다 싶은 회사는 직접 방문해보곤 한다.

67장

스스로 생각하게 하는 장치

The Art of Contrary Thinking

나는 사고 장치 같은 게 있었으면 한다. 여러분은 그렇지 않은가? 내가 무슨 말을 하는지는 알 것이다. 광고에서 보는 사용자 자작 용품(do-it-yourself kit) 같은 것을 말하는 것이다. 아니면 새로운 생각인지 아닌지를 가려주는 가이거·뮐러 계수관 같은 것이 필요한지도 모른다!

우리는 생각을 모으는 도구로 역발상의 법칙을 이용할 수 있다. 우리는 모두 창조성을 기르기 위한 '연상'이라는 훈련 방법을 잘 알고 있다. 창조적 아이디어는 새로운 혹은 독창적인 생각에서 나오는 경우가 드물다. 새로운 아이디어는 하나의 생각이 다른 생각을 낳는 과정 – 연쇄 반응 – 에서 생겨난다.

역발상적 사고는 창조적인 아이디어를 양산할 수 있는 훌륭한 방법이다. 나는 내 사고 장치가 제대로 작동하기만 했다면 여러 사건으로 뒤통수를 맞는 일은 없었으리라는 것을 알고 놀랐다. 뉴스와 논평, 그리고 우리에게 쏟아지는 수많은 예측과 정보를 관찰하고, '반대의 각도'에서 곰곰이 생각해보는 게 그 방법이다.

1961년 말 내가 제시한 '절정에 관한 가설'을 두고 일어난 많은 논란은 여기서 훌륭한 사례를 제공한다. 지난 가을 위기와 전쟁에 관한 이야기가 계속되자 - 대통령도 이를 인정했다(내 생각에는 옳은 행동이었다) - 마침내 나는 머릿속에 역발상적 생각이 떠올랐다. 이런 계속되는 위협에도 언젠가는 끝이 있으리라는 생각이었다. 핵무기에 의한 대살육의 참극이든 아니면 냉전의 대폭발이든 아무튼 뭔가에 의해 끝이 있을 것이라는 생각이 들었다.

1961년 11월은 전쟁의 공포가 최고조에 달했다. 나는 그때 침착한 어조로 『역발상에 관한 닐의 서한』에서 그 문제를 다루었다. 어떤 관련이 있었는지는 논쟁의 여지가 있지만, 주식 시장 역시 이때 11월에 상승장의 고점에 도달했다.

나는 장기화된 공산주의 투쟁이 절정에 이른 것은 아닌지 예의 주시하고 있었다. 왜냐하면 세계의 상황이 바뀌고 있는 것처럼 보였기 때문이다. 여기서 역발상가가 되는 기회가 없었던 독자들에게 말해두어야 할 사실이 있다. 여러분이 어느 때든 역발상적 견해를 제시하면 다른 사람들은 여러분의 견해에 (때로는 격렬하게!) 반대할 것이라는 사실이다.

1961년 11월, 내가 당시 횡행하던 전쟁 공포 앞에서 공개적으로 비관론을 펴자 한 투자 정보지가 나에게 엄청난 비난을 쏟아 부었다. 그 정보지는 경계나 비관론에 관한 생각은 모두 조롱했고, 나아가 "투자자들은 1961년 가을 최고의 성장주들을 팔아치웠을 때 무슨 생각을 했든 아마 후회하게 될 것이다"라고 주장했다. 이것은 11월의 얘기다. 11월은 주식 시장이 엄청난 거래량과 함께 고점에 도달한 달이다. 나는 11월의 첫 번째 서한에서 "버몬트에서 보자면, 얼마나 슬픈 일인가"라고 말하고 입을 다물어버렸다. 상황을 냉정하게 밝혔던 것이 후회되었기 때문이다. 하지만 그 투자 정보지는 가만있지 않고, 이 불행한 버몬트의 역발상가가 "열차에서 떨어진 건지 머리가 이상해져 헛소리를 해댄다"고 말했다. 하지만 그 뒤 1961년 성장주들은 큰 폭으로 하락하여 1961년 봄에 비해 형편없는 가격으로 떨어지고 말았다. 이것이 이야기의 결말이다.

사람들에게는 각자의 취향이 있다. 나 역시 엉뚱한 목표에 화살을 겨누느라 많은 것을 놓쳤지만, 어쨌든 여러분은 스스로 생각해야 한다.

68장

견해와 말 vs. 사실

The Art of Contrary Thinking

　　　　　　나는 흥미로운 편지를 한 통 받고 우리가 때때로 견해와 사실이라는 문제에 관심을 기울일 필요가 있다는 것을 깨달았다.

　1962년 4월에는 이 문제가 특히 중요했다. 인쇄물에 수많은 말들이 넘쳐났기 때문이다. 그 말들은 경제학에서부터 공기역학, 전자학, 냉전까지 모든 주제를 다루고 있었다.

　위에서 언급한 편지는 나에게 이렇게 말했다. "역발상의 법칙에서 가장 중요한 것은 사실이 아니라 말에 대해 반대 입장에 서야 한다는 겁니다. 오도하고 왜곡하고 현혹하는 것은 말입니다. 어떤 말에 대해 반대 입장에 서는 것은 무척 현명하고 유익한 일이지만, 어떤 사실에 대해 반대 입장에 서는 것(불행히도 이것이 군중의 보편적인 습관이지만)은 재앙을 불러오는 일입니다."

　표현이 대단히 명쾌하기 때문에 나는 내 통신원의 글을 그대로 인용했다. (그가 전쟁 때 군 정보부에서 복무했다는 사실을 밝혀야 할 것 같다. 그의 말은 그의 경험에서 비롯된 것이다.)

견해는 말로 표현되며 말의 결과이기도 하다. 따라서 말에 초점을 맞춘 앞의 얘기는 상당히 유익하다고 하겠다. 말은 선전을 연상시킨다. 선전은 대공황 이후 시대, 전쟁 기간, 전후 시대에 기만적이고 현혹적인 방법으로 사용되고 있다.

'판에 박힌' 뉴스가 어느 정도 군중의 견해와 행동에 영향을 미치는지 측정하는 것은 불가능하다. 세계 위기 때문에 우리는 '오도하고 왜곡하고 현혹하는' 말의 포화를 맞고 있다. 이런 때 역발상적 분석과 역발상적 사고가 우리의 보호 수단이 될 것이다.

이외에도 경제에 관련된 발표와 선언은 잘 살펴보아야 한다. 기업가들이 자신의 회사와 운영에 관해 말할 때 가능한 한 나쁜 얼굴을 하고 있지는 않으리라는 것은 분명하다. 기업가가 회사의 수익이 급격히 감소했다고 말해야 한다면, 그것은 그의 사업 운영이 실패했다고 말해야 하는 것과 마찬가지다. 따라서 정말 형편없는 수익에 관해 보고해야 한다면, 그는 이런저런 상황 때문에 손해가 날 수밖에 없었다고 말할 것이 분명하다(경영에는 아무런 문제도 없었다는 것을 암시하면서).

과거에는 기업가들이 주가를 떨어뜨리기 위해 나쁜 실적

을 보고하곤 했다. 그러면 그들과 그들의 친구들은 주가가 떨어지면 저평가된 주식을 쉽게 사 모을 수 있었다. 하지만 오늘날에는 이런 관행이 흔적도 없이 사라졌다. 대신 우리가 요즘 목격하는 것은 기업가들이 애널리스트 협회의 오찬 모임에 나와 회사가 얼마나 잘 나가는지 신나게 외쳐대는 모습들이다. 이런 선전을 접할 때도 우리는 역시 역발상적 질문을 해보아야 한다.

냉전의 교착 상태가 지속되면서, 역발상은 우리가 시대의 미망에서 벗어나는 데 큰 도움을 주고 있다. 우리는 자기 자신의 거짓말을 믿는 선전가들을 경계해야 한다.

69장

예측 전문가들이 잊어버리고 싶어 하는 해들

The Art of Contrary Thinking

예측이 틀린 해는 수없이 많다. 하지만 최근 몇 년은 보통 때보다 틀린 추측이 훨씬 더 많았다. 이 글을 쓰기로 마음먹은 것은 1962년 6월 19일자 『뉴욕 헤럴드 트리뷴(New York Herald Tribune)』에 실린 '경제학자들이 차라리 잊어버렸으면 하는 해와 그 이유' 라는 1면의 기사 때문이다.

우리는 『뉴욕 헤럴드 트리뷴』의 국내 경제 담당 기자 조셉 R. 슬레빈에게 많은 빚을 졌다. 그는 충분한 논거와 함께 역발상의 법칙을 소개했다. 우리의 주장이 대도시 신문의 1면에 실렸다는 사실(5단 박스 기사)은 역발상적 사고에 중요한 무엇인가가 있다는 것을 여실히 증명해준다고 하겠다.

슬레빈은 이런 말로 기사를 시작하고 있다. "올해(1962년)는 경제적으로 놀라운 사건들이 있었던 한 해다. 전문가들은 혼란스러워하고 있고, 워싱턴에는 점쟁이의 수정 구슬들이 산산조각 난 채 내버려져 있다."

역발상가라면 이 서문에서 실마리를 찾았을 것이라고 생

각한다. 점쟁이의 수정 구슬이 깨졌다 하면, 전문가와 반대로 생각한 사람들은 옳은 예측을 했다는 것일 테다. 기사에 따르면, 반년 동안의 사건들은 기업가들이나 정부의 정책 입안자들이 '유연했어야 한다'는 것을 보여준다. "그들은 다음에 무엇이 올지 알지 못하기 때문이다."

우리는 슬레빈의 말에 대해 약간 생각해보아야 한다. 우선 우리는 다음에 무엇이 올지 예측하는 것은 위험한 일이라는 데 동의한다. 하지만 그럼에도 불구하고 역발상적 입장을 취하면 종종 다음에 무엇이 오지 않을지 정도는 알게 된다. 나아가 '반대 의견'들을 철저히 검토해보면, 다음에 무엇이 올지 정확히 예측할 수 있을 수도 있다. 아니면 적어도 예상치 못한 일로부터 스스로를 보호할 수는 있을 것이다. 이것은 '혼란'에 처하고 자신의 수정 구슬이 깨지는 일보다는 훨씬 나은 일이다.

우리가 읽는 글은 수많은 견해와 예측으로 가득 차 있는데, 과연 보통 사람들이 분별 있는 결정을 내릴 수 있을까 의문이다. 사람들은 대개 한쪽 방향으로 이끌린다. 대개 그 방향은 틀린 방향이다. 내가 수없이 얘기했듯이, 경기, 금융, 경제, 주식 시장에 관한 글들은 한결같이 똑같기 때문에 어떤 개인이 스스로 생각을 한다는 것은 거의 불가능하다. 사람들은 세뇌를 당한다. 세뇌를 막기 위해서는 역발상으로

뇌를 훈련시켜야 한다. 생각하는 것은 힘든 일이다. 하지만 가치 있는 일이다.

혼란스런 1962년 한 해의 나머지 반을 내다보면서, 우리가 읽는 모든 글을 꼼꼼히 체크하겠다는 생각을 갖도록 하자. 워싱턴의 전문가들이 텔레비전 화면에 나와 앞으로 어떤 일이 일어날지 용감하게 예측한다고 하면, 그들은 우리가 그들이 원하는 방향으로 가도록 설득하고 있는 것뿐임을 기억하도록 하자. 크게 떠벌리는 정책들은 현대의 정부가 설정해놓은 단계로 우리를 몰아가기 위한 것이다. 따라서 예상치 못한 일로부터 우리 자신을 보호하기 위해서는, 역발상적 사고를 해야 한다!

70장

빠른 순응, 느린 변화

The Art of Contrary Thinking

우리 모두는 사고를 할 때 기묘한 특징을 보여준다. 요컨대 우리 모두는 제대로 사고해보지도 않고 한순간 어떤 생각으로 도약하는 경향이 있다. 그리고 또 다른 때는 속으로 틀렸다는 사실을 알면서도 어떤 생각에 끝까지 매달린다.

오늘날의 추세와 관련하여 두드러진 한 가지 특징 – 역설 – 이 있다.

a) 사람들은 대개 생각을 바꾸는 데는 느리다. 하지만
b) 새로운 열풍에 달려들거나 새로운 유행을 받아들이는 데는 빠르다.

그러므로 우리는 순응에는 빠르고, 변화에는 느리다고 말할 수 있을 것이다.

생각을 바꾸는 데는 시간이 필요하다. 순식간에 결론으로 도약하는 것은 별로 좋지 않다. 도약해서 뛰어든 곳이란 대

개 다른 모든 사람들이 서 있는 곳이기 때문이다. 만약 모든 사람들이 똑같은 생각을 하고 있는 듯하면, 역발상의 법칙 아래 우리 역발상가들은 다르게 생각할 수 있을 것이다.

현재(1962년 10월 15일) 모든 사람들이 주식 시장을 보고 의기소침해 있다. 아무도 매수에는 관심을 보이지 않는다. (반면 요즘은 너나 할 것 없이 새로운 자동차를 사고 싶어 한다. 자동차가 다시 신분의 상징이라도 된 것일까?)

월스트리트의 시각에서는, 두 가지 점에서 끈기 있는 강세론자에게 유리한 상황이다.

1. 약세론자들이 더 많고 점점 더 분별을 잃어가고 있다.
2. 대중의 많은 수가 시장에서 밀려났거나 혐오감 속에서 스스로 떠나버렸다.

곧 갑작스런 동요와 섣부른 움직임이 있을 테지만 – 트레이더들은 또 한 차례 당혹스러워할 것이다 – 지금은 어쨌든 건설적인 전망으로 생각을 돌려야 할 때가 되었다. 이미 얘기했듯이, 이런 식으로 마음을 바꾸는 것은 어려운 일이다. 사람들은 원래의 견해를 고수하고 싶어 하기 때문이다.

하지만 비관론과 불안은 퍼질 만큼 퍼졌다. 따라서 건설적으로 그리고 덜 방어적으로 생각할 때가 왔다.

71장

'예상치 못한' 사건들의 41년

The Art of Contrary Thinking

나는 때때로 과거의 예상치 못한 사건들에 관한 질문을 받는다. 역발상적으로 사고했다면 정신적으로 충분히 대비할 수 있었을지 모르며, 역발상적 계획으로 국민과 국가의 손실을 막을 수 있었을지 모를 그런 사건들 말이다.

그래서 여기서 몇 가지 사건들을 소개하고자 한다. 마음만 먹는다면, 이외에도 매우 많은 사건들을 추가할 수 있을 것이다.

1914년

전반적으로 전쟁에 대한 걱정이 거의 없었음. 신문은 1914년 7월 중순까지 긴장 관계에 관해 거의 언급하지 않았음.

하지만 곧 암울한 헤드라인이 등장했음.

8월 1일. 독일이 러시아에 대해 선전 포고함.

8월 2일. 독일의 프랑스 침공.

8월 4일. 독일의 벨기에 침공.

8월 5일. 영국이 독일에 대해 선전 포고함.

놀란 세계는 믿을 수 없다는 듯 방관하고 있었음.

1916년

전쟁 관련 산업의 주가가 급격히 치솟고, 전체 주식 시장의 붐이 계속될 것으로 예상됨.

1년 동안 지속될 하락장이 1916년 11월 시작되었음. 1917년 12월, 시장 평균은 거의 한 번의 순환을 마침.

1919년

전후의 즉각적인 경기 침체가 전반적으로 예상됨.

인플레이션 호황이 일어남. 실크 셔츠 시대라는 이름이 붙음.

1926년

또 한 차례의 하락장과 불경기에 대한 공포.

'새 시대'가 시작됨. 역사상 최대 규모의 시장 확대가 일어남.

1929년

영속적인 번영의 고원.

새 시대에 관한 환상이 깨어짐.

1930년대

경제: 우리는 성숙의 시대에 도달했음.

세계 정치: 왜 작달막한 도배장이와 그의 나치를 겁내야 하는가?

경제적 성숙은 비웃을 만한 일이지만, 히틀러는 웃을 만한 일이 아니었다. 1939년 전쟁이 예상되었으나, 길지 않으리라고 판단됨. 히틀러는 "돈이 없고 강력한 군대도 없었다."

1940년

히틀러는 잘 알려진 프랑스의 마지노선을 돌파할 수 없다고 생각되었다. 네덜란드의 제방은 수문을 열면 어떤 적군이든 수장시킬 수 있다고 알려져 있었다. 1940년 5월 10~14일 침공이 일어났을 때 주가는 상승하리라 예상되었음.

독일군의 전격전은 벨기에, 네덜란드, 프랑스로 신속하게 확대되었다. 뉴스가 속속 보도되는 동안, 서구 세계는 히틀러와 나치에 대한 모든 사람들의 견해가 틀렸다는 사실을 깨닫고 경악했다. 프랑스가 함락되자 시장은 붕괴했다.

1945~1946년

전후의 즉각적인 불경기가 찾아올 것이라고 예상됨. 예상 실업자는 800만~1,200만 명.

1919년의 경우처럼, 전후의 붐이 일어나 그전의 예측들을 모두

헛된 것으로 만듦.

1949년

대영제국이 다시는 파운드화를 평가절하하지 않으리라 생각됨. 스태포드 크립스 경이 약 13차례에 걸쳐 그렇게 주장함.

9월 18일, 파운드화가 2.80달러로 평가절하됨. 다른 29개국의 통화도 그 뒤를 따름. 그 뒤 이와 비슷한 수의 통화 역시 똑같은 길을 따름.

1947~1954년

불경기에 대한 예측이 계속되었음.

몇몇 짧은 시기들을 제외하면 호경기가 대체적으로 이어짐.

1955~1957년

불경기에 대한 공포가 사라지고 영구적인 번영에 대한 생각이 널리 퍼진 시기.

1957년 중반 주식 시장이 붕괴함. 미래에 대한 전망이 가장 찬란했던 때다.

1961년

경제 성장에 대한 열풍. 주식은 투기 거품으로 들끓었다. 수백

개의 기업이 주식 공개를 하고, 탐욕스런 대중이 달려들어 고공행진을 하는 주식을 움켜쥐던 시기.

    과거의 열풍들이 그랬던 것처럼, 1962년 여름 주가가 곤두박질치면서 잔인한 각성의 순간이 찾아왔다.

    이제 이 책의 끝에 도달했다. 나는 독자 여러분들이 역발상의 법칙을 철저히 지켜 세상의 여러 복잡한 문제에 대해 보다 명석한 사고를 할 수 있기를 바랄 따름이다.

역발상의 기술

초판 1쇄 발행 2009년 2월 22일
초판 3쇄 발행 2023년 3월 1일

지은이 험프리 B. 오닐
옮긴이 조윤정

편집 정은미
디자인 정유정
마케팅 연병선

펴낸곳 (주)이레미디어
전 화 031-908-8516(편집부), 031-919-8511(주문 및 관리)
팩 스 0303-0515-8907
주 소 경기도 파주시 회동길 219, 사무동4층 401호
홈페이지 www.iremedia.co.kr
이메일 ireme@iremedia.co.kr
등 록 제396-2004-35호

ISBN 978-89-91998-25-4 03180

·책값은 뒤표지에 있습니다.
·잘못된 책은 구입하신 서점에서 교환해드립니다.
·이 책은 투자참고용이며, 투자손실에 대해서는 법적책임을 지지 않습니다.

저작권자ⓒ이레미디어
이 책의 번역저작권은 이레미디어에 있습니다.
도서출판 이레미디어의 서면에 의한 허락 없이 내용 전부 혹은 일부를 인용하거나 발췌하는 것을 금합니다.